AF589729

# COLLECTION
## DES
# MORALISTES ANCIENS.

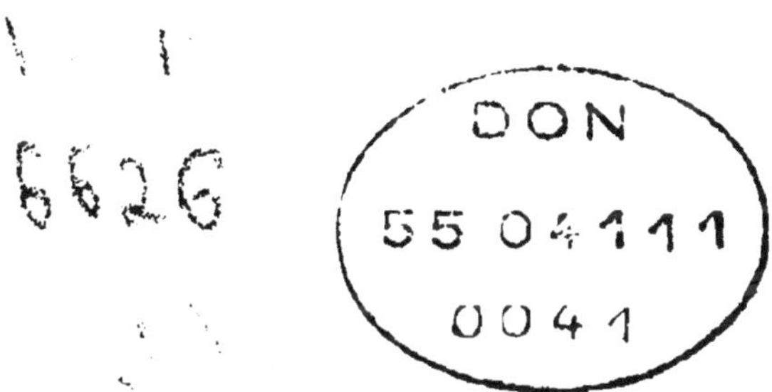

# COLLECTION

# DES

# MORALISTES ANCIENS,

## DÉDIÉE AU ROI.

A PARIS,

Chez DIDOT L'AÎNÉ, Imprimeur du Clergé, en furv. rue Pavée S. A.

Et DE BURE L'AÎNÉ, Quai des Auguftins.

M. DCC. LXXXII.

# LES ENTRETIENS MÉMORABLES DE SOCRATE,

TRADUITS DU GREC DE XÉNOPHON

PAR M. LEVESQUE.

---

TOME PREMIER.

# LES ENTRETIENS MÉMORABLES DE SOCRATE.

## LIVRE PREMIER.

### I.

J'AI ſouvent admiré comment les accuſateurs de Socrate ont pu le préſenter aux Athéniens comme un criminel d'état, & leur perſuader qu'il méritoit la mort. Quelle étoit leur accuſation? Socrate eſt coupable, diſoient-ils, car il ne croit point aux dieux que révere la république, car il introduit des divinités nouvelles : il est coupable, car il corrompt la jeunesse.

Il ne révéroit point les dieux de l'état ! Et quelle étoit la preuve de cette imputation ? Il faisoit des sacrifices, & l'on ne pouvoit l'ignorer : il en offroit souvent dans l'intérieur de sa maison ; souvent il en offroit sur les autels publics. Se cachoit-il quand il avoit recours à la divination ? Il disoit lui-même, & tout le monde répétoit, qu'il étoit inspiré par un être supérieur : c'est ce qui a le plus contribué, je crois, à le faire accuser d'introduire de nouveaux dieux.

Mais quelles sont les nouveautés qu'on peut lui reprocher ? Qu'a-t-il fait ? ce que font tous ceux qui croient à la divination : ils consultent le vol des oiseaux, ils sont attentifs aux paroles fortuites, ils observent les présages, ils interrogent les entrailles des victimes. Pensent-ils que les oiseaux, pensent-ils que le premier homme qu'ils rencontrent, soient instruits de ce qu'ils cherchent à savoir ? Non, sans doute ; mais ils croient que les dieux eux-mêmes leur envoient ces signes de leur volonté, & c'étoit le sentiment de Socrate.

Le vulgaire, il est vrai, dit qu'il est excité ou retenu par les rencontres qui lui sont offertes, par les oiseaux qu'il observe : mais ce n'étoit pas ainsi que Socrate s'exprimoit. Il pensoit, il disoit qu'un être ſupérieur daignoit l'inſpirer; & c'étoit d'après ces avis intérieurs qu'il conſeilloit à ſes amis de ſuivre leurs deſseins ou de les abandonner. Les uns ſe sont bien trouvés de l'avoir cru; les autres ſe sont repentis de ne l'avoir pas écouté.

On n'imaginera pas qu'il eût voulu paſser dans l'eſprit de ſes amis pour un imbécille ou pour un impoſteur. Cependant s'il eût été convaincu de menſonge après avoir ſoutenu qu'il étoit inſpiré par un dieu, comment auroit-il évité l'un ou l'autre de ces reproches? En un mot, puiſqu'il oſoit prédire l'avenir, il eſt clair qu'il croyoit dire la vérité.

II.

MAIS, dans cette perſuaſion, en

qui pouvoit-il mettre ſa confiance, ſi ce n'étoit en Dieu même? Et s'il donnoit ſa confiance aux dieux, comment pouvoit-il croire qu'ils n'exiſtoient pas?

Religieux en public, il ne l'étoit pas moins dans le ſecret de la plus intime amitié. Il engageoit ſes amis à ſuivre leurs lumieres dans les choſes indiſpenſables : mais, dans les entrepriſes dont l'événement eſt toujours incertain, il les envoyoit conſulter les oracles. L'art de la divination, diſoit-il, eſt néceſſaire pour bien adminiſtrer un état, & même pour bien régler une famille. L'architecture, la ſculpture, l'agriculture, la politique, l'économie, la ſcience des calculs, celle de commander des armées, toutes ces connoiſsances enfin ont leurs principes; toutes peuvent être ſoumiſes à notre choix. Mais auſſi, dans toutes, ce qu'il y a de plus important, les dieux ſe le sont réſervé, & nous ne pouvons y trouver que l'obſcurité la plus impénétrable.

En effet, on peut très bien planter un verger; mais sait-on qui doit en recueillir les fruits ? Un architecte ſaura donner à ſon édifice les plus belles proportions; mais nous dira-t-il qui doit l'habiter ? Ce général d'armée sait combattre; mais sait-il s'il ne ſe repentira pas d'avoir livré bataille ? Ce politique connoît bien les principes du gouvernement; mais il ignore s'il pourra ſe féliciter un jour d'avoir tenu les rênes de l'état. Ce jeune homme épouſe une belle femme ; il ſe promet de goûter auprès d'elle la félicité ſuprême : elle ne lui cauſera peut-être que des chagrins. Un autre ſe repaît des plus brillantes eſpérances, car il vient d'entrer dans l'alliance des hommes les plus puiſsants de l'état : il ne prévoit pas qu'ils le feront exiler un jour.

Socrate regardoit comme une folie de ne pas reconnoître dans les événements une providence divine, & de les ſoumettre à l'intelligence humaine ; mais il ne trouvoit pas moins inſensé d'aller conſulter les oracles ſur des choſes que les dieux nous ont permis d'apprendre, & dont nous pouvons juger par nous-mêmes : comme ſi l'on s'aviſoit de demander à la divinité ſi l'on doit faire conduire ſon char par un cocher habile ou mal-adroit, ou ſi l'on confiera ſon vaiſseau à un bon ou à un mauvais pilote. Il taxoit d'impiété la manie d'interroger les dieux ſur ce qu'on peut aiſément connoître en prenant la peine de calculer, de meſurer, de peſer. Commençons, diſoit-il, par apprendre ce que les dieux nous ont accordé de ſavoir, & conſultons-les ſur ce qu'ils nous ont caché; car ils daignent ſe communiquer à ceux qu'ils favoriſent.

III.

ON peut dire que la vie entiere de Socrate s'eſt écoulée sous les yeux des hommes. Le matin il alloit à la promenade & dans les lieux d'exercice : il ſe montroit ſur la place aux heures où le peuple s'y rendoit en ſoule, & paſsoit tout le reſte du jour au milieu des plus nombreuſes aſſemblées. Le plus ſouvent il parloit; tout le monde pouvoit l'écouter : & lui a-t-on jamais vu faire, lui a-t-on jamais entendu dire rien d'impie, rien de ſuſpect ?

Il n'avoit pas la manie ſi commune d'embraſser dans ſes leçons tout ce qui exiſte, de rechercher l'origine de ce que les ſophiſtes appellent la nature, & de remonter aux cauſes néceſsaires qui ont donné naiſsance aux corps céleſtes. Il prouvoit qu'il faut avoir perdu l'eſprit pour ſe livrer à de ſemblables ſpéculations. Ces gens-là, demandoit-il, croient donc avoir épuisé tout ce qu'il importe à l'homme de ſavoir, puiſqu'ils s'occupent de ce qui l'intéreſse ſi peu ; ou penſent-ils qu'il nous ſoit permis d'abandonner les choſes que les dieux ont bien voulu nous ſoumettre, pour approfondir les ſecrets qu'ils ſe sont réſervés ?

Il admiroit ſur-tout l'aveuglement de ces faux ſages qui ne ſentent pas que l'eſprit humain ne ſauroit pénétrer ces myſteres. Auſſi, diſoit-il, ceux qui ſe piquent d'en parler le mieux sont bien loin de s'accorder entre eux ſur leurs principes. Qu'on les voie enſemble, on ſe croiroit dans une aſsemblée de fous. Quels ſymptômes en effet remarquons-nous dans les malheureux atteints de folie ? Ils redoutent ce qui n'a rien de terrible, & ne craignent rien de ce qui eſt vraiment redoutable. Il en eſt de même de ces prétendus philoſophes : les uns croient qu'il n'y a pas de honte à tout dire, à tout faire en public ; les autres ne permettent pas même d'avoir aucun commerce avec les hommes : ceux-ci ne reſpectent ni temples ni autels, ni rien de ce que nous regardons comme ſacré ; ceux-là réverent les pierres, les troncs d'arbres, & juſqu'aux animaux.

Dans leurs recherches ſur les objets de la nature, les uns ſe figurent qu'il n'exiſte qu'une ſubſtance ; & les autres, que le nombre des ſubſtances eſt infini : celui-ci ſoutient que toutes les parties de la matiere ſont dans un mouvement continuel ; & celui-là, qu'il n'y a pas même de mouvement : ici on vous prouvera que tout naît & périt; & là, qu'il ne peut y avoir jamais de naiſsance ni de deſtruction.

Mais, ajoutoit-il, quand nous avons appris quelque métier, nous nous croyons en état de l'exercer enſuite pour notre uſage ou pour celui des perſonnes que nous voulons obliger : en eſt-il de même de ces ſcrutateurs de la nature ? Eux qui connoiſsent ſi bien les cauſes de tout, croient-ils auſſi pouvoir faire à leur gré des vents, de la pluie, des ſaiſons, ou d'autres ſemblables merveilles dont ils peuvent avoir beſoin ? Ils n'oſent ſe flatter de tant de puiſsance; ils ne ſavent rien faire de tout cela : il leur ſuffit de ſavoir comment tout cela ſe fait.

IV.

C'EST ainſi qu'il parloit de ces vaines ſpéculations. Content de s'entretenir des choſes qui sont à la portée de l'homme, il examinoit ce qui eſt pieux, ce qui eſt impie, ce qui eſt honnête ou honteux, ce qui eſt juſte ou injuſte. Il recherchoit ce que c'eſt que la ſageſſe & la folie; ce qui conſtitue la valeur & la puſillanimité; ce que c'eſt que la ſociété, & quel eſt celui qui en connoît les principes; ce que c'eſt que le gouvernement, & comment on ſe rend digne d'en tenir les rênes. Tels ou de ſemblables objets occupoient ſeuls ſa pensée : il accordoit le titre d'hommes honnêtes & vertueux à ceux qui s'en étoient fait une étude, & rejettoit au nombre des eſclaves ceux qui les avoient négligés.

Que ſes juges ſe ſoient trompés ſur ſes pensées ſecretes, cela ne me ſurprend pas; mais qu'ils n'aient fait aucune attention à ce que perſonne n'ignoroit, voilà ce que je ne puis comprendre.

Il avoit fait ſerment, en qualité de sénateur, de ne juger que conformément aux loix. Élevé enſuite à la dignité d'épiſtate (1), & preſsé par le peuple de condamner à mort, contre la loi, Eraſinide, Traſyle, & ſept autres capitaines, il refuſa conſtamment de porter le décret. Le peuple

(1) C'étoit la premiere & la plus puiſſante des magiſtratures. On ne pouvoit en jouir qu'un ſeul jour & qu'une ſeule fois en ſa vie. L'épiſtate avoit les clefs de la fortereſse & du tréſor.

s'emporta, les grands menacerent : mais il aima mieux garder son serment que de complaire à la multitude, & d'appaiser par une injustice les hommes puissants qui se flattoient de le faire trembler.

C'est qu'il n'avoit pas sur la providence les idées du vulgaire, qui pense que plusieurs choses sont connues des dieux & que d'autres leur échappent. Il étoit persuadé que les dieux voient toutes nos actions, entendent tous nos discours, & pénetrent jusques dans les profondeurs de nos plus secretes pensées ; qu'ils sont par-tout, & qu'ils font, en toute occasion, connoître leurs volontés aux mortels : & les Athéniens ont pu se persuader qu'il avoit sur la divinité des opinions condamnables, lui qui n'avoit jamais rien dit, jamais rien fait, qu'on pût ſoupçonner d'impiété ! On célébreroit aujourd'hui la piété d'un homme qui agiroit, qui penſeroit comme lui.

V.

Je ne suis pas moins ſurpris que perſonne ait jamais pu voir dans Socrate un corrupteur de la jeuneſſe. Sans revenir ſur ce que nous avons déja dit, qui fut jamais plus ſupérieur aux foibleſſes de l'amour ? plus ennemi des délices de la table ? qui sut mieux ſupporter la rigueur du froid, les chaleurs brûlantes de l'été, les plus rudes fatigues ? Il s'étoit fait une telle habitude de la modération, qu'il vivoit content dans la plus humble fortune. Et l'on veut qu'il ait entraîné les autres dans l'impiété, qu'il leur ait appris à violer les loix, qu'il les ait plongés dans la débauche, dans le libertinage, & n'en ait fait que des hommes efféminés, incapables de ſupporter les fatigues !

Diſons plutôt qu'il déracinoit ces vices de leurs cœurs. Habile à leur faire eſpérer de devenir un jour des hommes honnêtes & courageux en s'accoutumant à veiller ſur eux-mêmes, il leur inſpiroit inſenſiblement le goût de la vertu. Ce n'eſt pas qu'il ſe vantât d'enſeigner la ſageſse : mais il étoit ſage, on le ſavoit ; &, en le fréquentant, en l'imitant, on ſe flattoit d'approcher de ſa vertu.

Il ne négligeoit pas les soins qu'exige de nous la nature, & il étoit loin d'approuver cette négligence dans les autres. Manger avec excès, travailler de même, voilà ce qu'il condamnoit : mais il aimoit qu'on ſe nourrît avec modération, & qu'on travaillât ſans s'épuiſer de fatigue. Ce régime, diſoit-il, eſt ſalutaire à la ſanté, & ne nuit point aux facultés de l'eſprit. Sur ſa table & dans ſes vêtements, il étoit bien éloigné de la délicateſſe & de l'oſtentation : mais on ne peut lui reprocher d'avoir inſpiré l'avarice à ſes amis. Il les guériſſoit des autres paſſions ; &, ne recevant aucun honoraire des leçons qu'il leur donnoit, il leur offroit un bel exemple de déſintéreſſement.

C'étoit même ſur ce déſintéreſſement qu'il fondoit ſa liberté. Se faire payer de ſes converſations, c'eſt, diſoit-il, ſe rendre eſclave, puiſqu'on s'impoſe l'obligation de ne les pas interrompre à ſon gré. D'ailleurs il ne comprenoit pas qu'on prît de l'argent pour donner des leçons de vertu : comme ſi l'on pouvoit en retirer une plus grande récompenſe que d'acquérir un ami ; ou comme ſi l'on devoit craindre, en rendant un homme honnête & vertueux, qu'il n'aura pas la plus grande reconnoiſſance pour le plus grand de tous les bienfaits !

VI.

SOCRATE ne faiſoit pas toutes les belles promeſſes dont les profeſſeurs mercenaires de la vertu sont toujours ſi prodigues : mais il eſpéroit que ceux qui auroient embraſſé ſes ſentiments ne manqueroient jamais de s'aimer entre eux comme des freres, & de conſerver pour lui une tendreſse vraiment filiale. Si l'on veut qu'il ait corrompu la jeuneſse, l'amour de la vertu sera donc regardé comme un germe de corruption.

Mais, dit ſon accuſateur, on apprenoit dans ſon commerce à mépriſer les loix reçues. C'étoit, à l'en croire, une abſurdité qu'une feve décidât quels seroient les chefs de la république. Qui oſeroit confier ſon vaiſseau à un pilote tiré au sort? A-t-on recours au sort pour choiſir un architecte, un joueur de flûte, ou d'autres ſemblables artiſtes, dont les fautes seroient bien moins dangereuſes que celles des magiſtrats? C'eſt par de ſemblables diſcours qu'il échauffoit l'eſprit des jeunes citoyens, qu'il les rendoit violents & leur inſpiroit le mépris des loix.

Si l'on donne quelque crédit à cette imputation, qu'on traite donc auſſi de brouillons tous les ſages qui ſe croient capables d'éclairer leurs concitoyens ſur leurs véritables intérêts. Mais ils ſavent trop bien que la violence n'engendre que des haines, & fait pencher l'état vers ſa ruine, tandis que la perſuaſion n'inſpire que la bienveillance & ne peut jamais être dangereuſe.

L'homme violent nous ravit nos droits, & nous le haïſſons : nous aimons comme nos bienfaiteurs ceux qui nous perſuadent. Ce n'eſt pas le ſage, c'eſt le puiſſant dépourvu de lumieres qui a recours à la violence. Pour employer la force, il faut un grand nombre de complices; pour persuader, il n'en faut aucun. Celui qui croit avoir assez de ressources en lui-même pour dominer sur les esprits n'ensanglante pas ses mains : voudroit-il se défaire d'un homme qu'il est de son intérêt de conserver, puisque la douce persuasion va le lui rendre utile ?

VII.

MAIS Critias, mais Alcibiade, continue l'accusateur, ont eu des liaisons avec Socrate, & ils ont fait le plus grand mal à leur patrie. On ne vit point, dans le temps de l'oligarchie athénienne, d'homme plus violent, plus avare que Critias; ni, dans la démocratie, d'homme plus violent, plus débauché, plus insolent qu'Alcibiade.

Je suis loin d'entreprendre l'apologie de leur conduite; je ferai ſeulement connoître le genre de rapports qu'ils eurent avec Socrate. C'étoient bien les deux hommes les plus ambitieux d'Athenes : ils auroient voulu s'emparer de toutes les affaires de la république pour effacer la gloire de tous leurs concitoyens. Ils ſavoient que Socrate, étranger à toute volupté, étoit en même temps fort pauvre & très content de ſon sort : mais ils ſavoient auſſi que, par le talent de la parole, il tournoit à ſon gré ceux qui converſoient avec lui. Voilà ce qu'ils avoient remarqué. Dira-t-on que des hommes de leur caractere aient recherché Socrate pour acquérir la même ſageſse, la même pureté de mœurs ? Non, ſans doute ; ils ne vouloient gagner dans ſon commerce que l'uſage de la parole & celui des affaires. Si Dieu leur avoit donné le choix de vivre toujours comme Socrate ou de mourir, je suis sûr qu'ils auroient préféré la mort.

C'eſt ce qu'ils ont prouvé par leur conduite. Dès qu'ils crurent en ſavoir plus que ceux qui profitoient en même temps de ſes entretiens, ils l'abandonnerent pour ſe jetter dans les affaires de la république, montrant aſsez qu'ils n'avoient pas eu d'autre raiſon de le rechercher.

On dira peut-être que Socrate, avant d'enſeigner à ſes diſciples l'art de gouverner les hommes, auroit dû leur apprendre celui de ſe gouverner eux-mêmes. Je ne m'amuſerai pas à combattre cette objection : je vois ſeulement que tous les maîtres, non contents d'inſtruire leurs éleves par le moyen de la parole, ſe donnent pour exemples, & leur montrent qu'ils sont les premiers à pratiquer ce qu'ils enſeignent. Je sais auſſi que Socrate montroit en lui-même à ſes amis le modele de l'homme ſage & vertueux, & qu'il joignoit à ſon exemple les plus belles leçons ſur les devoirs des hommes & ſur la vertu. Je sais enfin qu'Alcibiade & Critias ſe conduiſirent avec ſageſse tant qu'ils le fréquenterent ; non qu'ils craigniſsent, comme des enfants, qu'il les punît de leurs fautes, mais parcequ'ils avoient alors l'idée du bien.

VIII.

LA plupart de ces gens qui ſont un métier de la philoſophie ſoutiendront peut-être que l'homme juſte ne peut devenir injuſte, ni l'homme modeſte, inſolent; & que, dans tout ce qui porte ſur des principes, on ne peut tomber dans l'ignorance après avoir été bien inſtruit.

Je ne penſe pas comme eux. Par l'exercice, le corps prend les habitudes qu'on lui veut faire contracter: l'exercice n'eſt pas moins néceſſaire à l'ame; c'eſt par lui ſeul qu'on s'accoutume à remplir ſes devoirs, & qu'on parvient à s'abſtenir ſans peine de ce qui nous eſt interdit.

Auſſi voyons-nous que les peres n'oſent ſe repoſer ſur le caractere heureux de leurs enfants: ils ont encore un grand soin de les éloigner des ſociétés dangereuſes, perſuadés que la fréquentation des hommes honnêtes eſt un des plus utiles exercices que puiſse prendre la vertu, mais qu'elle ſe perd dans la fréquentation des méchants. Le poète Théognis rend témoignage à cette vérité :

Le ſage dans nos cœurs fait paſser ſes vertus ;
Le méchant nous ravit notre bonté premiere.

Il dit ailleurs :

Le vice a quelquefois ſurpris le cœur du ſage.

Je suis frappé de cette vérité. Je vois que, par le défaut d'exercice, on oublie même les vers, quoique leur meſure ſerve à les graver profondément dans la mémoire : la négligence nous fait oublier de même les principes que nous avons le mieux connus. Si nous oublions les préceptes qui nous engageoient à la vertu, nous perdons bientôt de vue tout ce qui nous la rendoit chere ; elle-même eſt bientôt oubliée.

Voyez l'homme qui s'adonne au vin ou qui ſe laiſse enchaîner par l'amour : il n'a plus la même force pour obſerver ſes devoirs & pour s'interdire ce qu'il doit éviter. Pluſieurs, avant d'aimer, ſavoient ménager leur fortune ; bleſsés par l'amour, ils ne le ſavent plus : ils commencent par diſſiper leur bien, & ſe livrent enſuite à des gains honteux qui naguere les auroient fait rougir.

Comment donc ne pourroit-il pas arriver qu'un homme auparavant réſervé dans ſes mœurs perdît toute retenue, & que le juſte devînt injuſte ? Je suis perſuadé que toutes les bonnes qualités peuvent s'acquérir par l'exercice, & la tempérance auſſi bien que les autres. Dès que les voluptés ſe sont emparées de notre ame, elles lui font abjurer toute retenue, & la ſoumettent en eſclave aux appétits déréglés du corps.

IX.

TANT qu'Alcibiade & Critias reſterent auprès de Socrate, tant qu'il leur prêta ſes ſecours pour combattre leurs paſſions vicieuſes, ils surent leur réſiſter & les vaincre : mais dès qu'ils l'eurent abandonné, Critias ſe retira dans la Theſsalie, & y vécut avec des hommes qui aimoient bien mieux s'abandonner à leurs déréglements que d'obſerver la juſtice. Pour Alcibiade, ſa beauté le fit pourſuivre par une foule de femmes du plus haut rang ; le peuple le révéroit ; le pouvoir qu'il acquit dans la république & chez les puiſſances alliées lui procura un nombreux cortege de flatteurs habiles à le corrompre ; il vit qu'il lui seroit aisé de ſaiſir les rênes du gouvernement ; il s'oublia lui-même, & reſsembla bientôt à ces athletes qui négligent de s'exercer parcequ'ils ont remporté trop aisément la victoire.

Voilà ce qui perdit Critias & Alcibiade. Enflés de leur nobleſse, éblouis de leur fortune, étourdis de leur puiſsance, amollis par leurs complaiſants, corrompus par toutes ces circonſtances réunies, éloignés depuis long-temps de Socrate, doit-on s'étonner qu'ils ſoient devenus préſomptueux? Mais les fautes qu'ils ont faites, l'accuſateur les rejette ſur Socrate. Eh quoi! dans l'âge où l'on manque le plus de jugement, où l'on sait le moins ſe modérer, ils ſe montrerent ſages & réſervés; le mérite en étoit à Socrate: & l'accuſateur ne croit lui devoir aucun éloge!

On n'a pas la même injuſtice pour les autres profeſſions. Quand un maître de flûte ou de lyre a donné de bons principes à ſes éleves, s'ils s'aviſent de le quitter, de prendre d'autres leçons, & qu'ils perdent leurs talents, eſt-ce ſur lui qu'on en rejette la faute? Un pere voit ſon fils ſe bien conduire sous un maître

& devenir vicieux sous un autre : accuſe-t-il le premier inſtituteur ? n'en fait-il pas même l'éloge en voyant que le jeune homme ne s'eſt corrompu qu'en ceſſant de ſuivre ſes leçons ? Les peres même ne sont pas accusés des fautes que font ceux de leurs enfants qu'ils ont toujours gardés auprès d'eux, à moins qu'ils ne leur aient donné de mauvais exemples. On n'auroit pas dû juger Socrate avec plus de rigueur.

Lui-même a-t-il fait le mal ? dites qu'il fut un méchant. Mais ſi toute ſa vie ne mérita que des éloges, quelle injuſtice de rejetter ſur lui des fautes qui lui furent étrangeres !

X.

BLAMEZ-LE cependant s'il a loué les vices des autres en pratiquant lui-même la vertu. Mais n'a-t-il pas fortement repris les vices de Critias? Ne l'a-t-il pas fait rougir de ſes goûts pervers? Pour récompenſe, il ſe fit un mortel ennemi.

Critias, devenu l'un des trente tyrans, & choiſi avec Chariclès pour donner des loix, ſatisfit ſon reſsentiment, & défendit d'enſeigner l'art de la parole. C'étoit Socrate qu'il avoit en vue. Comme il n'avoit aucun moyen de l'attaquer, il faiſoit tomber ſur lui les reproches dont on charge communément les philoſophes, & cherchoit à le perdre dans l'eſprit de la multitude. Socrate n'avoit pas donné lieu à ces imputations, du moins ſi j'en dois croire ce que j'ai moi-même entendu de ſa bouche, & ce que d'autres, qui l'avoient ſouvent écouté, ont pu m'apprendre de lui.

Enfin Critias leva le maſque; car les trente tyrans ayant fait mourir un grand nombre de citoyens, en ayant forcé d'autres à seconder leurs injuſtices : Je serois étonné, dit Socrate, que le gardien d'un troupeau qui égorgeroit une partie du bétail qui lui eſt confié, & rendroit le reſte plus maigre, prétendît paſser pour un bon berger : mais un homme qui, ſe trouvant à la tête de ſes concitoyens, en détruiroit une partie & corromproit le reſte, m'étonneroit encore bien davantage, s'il ne rougiſsoit pas de ſa conduite & qu'il prétendît à la gloire d'un bon magiſtrat. On ne tarda pas à rapporter ces paroles aux trente tyrans.

Critias & Chariclès firent venir Socrate, lui montrerent leur loi, & lui défendirent d'avoir des entretiens avec la jeunesse.

Socrate leur demanda s'il lui étoit permis du moins de leur faire certaines questions sur les choses qui lui étoient interdites & qu'il ne comprenoit pas : ils le lui permirent. Je suis prêt, leur dit-il, à me soumettre aux loix : mais je crains de pécher par ignorance, & je voudrois savoir bien clairement de vous-mêmes ce que vous entendez en défendant de professer l'art de la parole. Avez-vous en vue ce qui se dit de bien ou ce qui se dit de mal ? Si votre défense porte sur ce qui se dit de bien, il est clair qu'il faut s'abstenir de bien dire : défendez-vous ſeulement ce qui ſe dit de mal ? je vois qu'il faut travailler à bien parler. Alors Chariclès s'emportant : Puiſque tu ne nous entends pas, Socrate, nous allons t'ordonner quelque choſe de plus clair : c'eſt de n'avoir aucun entretien avec les jeunes gens de quelque façon que ce ſoit.

Pour qu'il ne reſte plus aucune équivoque, dit Socrate, & que je ne m'écarte pas de ce qui m'eſt preſcrit, indiquez-moi bien à quel âge vous fixez le terme de la jeuneſse. A l'âge, dit Chariclès, où les hommes ont acquis toute leur prudence, à l'âge enfin où il eſt permis d'entrer au sénat : ainſi ne parle pas aux jeunes gens au-deſsous de 30 ans.

Mais, reprit Socrate, ſi je veux

acheter quelque chose, & que le marchand n'ait pas encore trente ans accomplis, pourrai-je lui dire au moins : Combien cela ? On te permet, dit Chariclès, de faire cette question : mais tu as coutume d'en faire sur quantité de choses que tu sais fort bien, & voilà les conversations qui te sont interdites. — Ainsi je n'oserai pas répondre à un jeune homme qui m'interrogera sur des choses que je saurai fort bien. S'il me demande, par exemple : Où demeure Chariclès ? où demeure Critias ? Tu peux répondre à cela, lui dit Chariclès. Oui, reprit Critias ; mais souviens-toi bien, Socrate, de renoncer à faire entrer dans tous tes discours les cordonniers, les maçons, les chaudronniers : aussi bien je crois qu'ils sont fort las d'être toujours mêlés dans tes propos. Il faudra ſans doute auſſi, répondit Socrate, que je renonce aux conséquences que je tirois de leurs profeſſions, & qui m'aidoient à faire mieux ſentir ce que c'eſt que la juſtice, la piété, toutes les vertus? Précisément, répliqua Critias; & renonce même à parler des gardiens de troupeaux, ſans quoi tu pourrois bien trouver du déchet dans ton bétail.

Ces dernieres paroles faiſoient aſsez connoître qu'on leur avoit rapporté la comparaiſon du berger, & que c'étoit là le principe de leur haine contre Socrate.

XI.

ON vient de voir quelle avoit

été la liaiſon de Socrate & de Critias, & quels ſentiments ils conſerverent l'un pour l'autre. Je dirois volontiers que nous ne pouvons être bien élevés que par un homme qui nous plaiſe. Critias & Alcibiade ſe mirent sous la diſcipline de Socrate ; mais il ne leur plaiſoit pas : déja leurs vues ſe portoient vers le gouvernement de la république ; &, dans le temps même qu'ils fréquentoient Socrate, ils ne s'entretenoient volontiers qu'avec ceux qui tenoient les rênes de l'état.

On dit qu'Alcibiade, avant l'âge de vingt ans, eut avec Périclès, ſon tuteur, la converſation ſuivante ſur les loix.

Dites-moi, Périclès, ne pourriez-vous pas m'apprendre ce que c'eſt que la loi ? — Aſsurément, répondit Périclès. — Au nom des dieux, ne refuſez pas de me le dire. J'entends louer certaines perſonnes parcequ'elles obſervent religieuſement les loix, & je crois qu'on ne ſauroit mériter cet éloge ſans ſavoir ce que c'eſt que la loi. — Il n'eſt pas fort difficile, mon cher Alcibiade, de ſatisfaire ta curioſité. La loi eſt tout ce que le peuple raſsemblé a revêtu de ſa ſanction, tout ce qu'il a ordonné de faire ou de ne pas faire. — Et qu'ordonne-t-il de faire ? le bien, ou le mal ? — Le bien, ſans doute, jeune homme : veux-tu qu'il ordonne de mal faire ? — Mais ſi ce n'eſt pas le peuple ; ſi, comme dans l'oligarchie, c'eſt un petit nombre de citoyens qui ſe ſont raſsemblés

& qui ont preſcrit ce qu'on doit faire, comment cela s'appelle-t-il? — Dès que la portion de citoyens qui gouverne a ordonné quelque choſe, cet ordre s'appelle une loi. — Mais ſi un tyran uſurpe la puiſſance & qu'il preſcrive au peuple ce qu'il doit faire, eſt-ce encore une loi? — Oui, c'eſt une loi, puiſqu'elle émane de celui qui commande. — Eh! qu'eſt-ce donc que la violence? qu'eſt-ce que le renverſement des loix? N'eſt-ce pas lorſque le puiſſant, négligeant de perſuader & n'employant que la force, oblige le foible à faire ce qui lui plaît? — Il me ſemble que c'eſt cela même. — Ainſi quand un tyran force les citoyens à ſuivre ſes caprices ſans chercher à les perſuader, c'eſt donc un renverſement de la loi ? — Je le crois : j'ai eu tort de dire que les ordres d'un tyran étoient des loix, quand il n'a pas obtenu l'aveu des citoyens. — Mais quand un petit nombre de citoyens ſe trouve revêtu de la puiſsance ſouveraine, & preſcrit ſes volontés à la multitude ſans obtenir ſon aveu, appellerons-nous cela de la violence ou non ? — De quelque part que l'ordre ſoit émané, qu'il ſoit écrit ou qu'il ne le ſoit pas, dès qu'il n'eſt appuyé que ſur la force, & qu'il n'a pas l'aveu de ceux qui doivent s'y ſoumettre, il me paroît tenir bien plus de la violence que de la loi. — Et ce que la multitude qui commande preſcrit aux riches, ſans prendre la peine d'obtenir leur aveu, tiendra donc moins aussi de la loi que de la violence? — C'en est assez, mon cher Alcibiade. Quand nous étions à ton âge, nous étions forts sur ces difficultés; nous aimions à les subtiliser, à les sophistiquer comme il me semble que tu fais à présent. — Je suis bien fâché, mon cher tuteur, de n'avoir pu vous entretenir dans l'âge heureux où vous étiez si subtil, & où vous vous surpassiez vous-même en finesse d'esprit.

XII.

Dès qu'Alcibiade & Critias crurent avoir l'avantage sur les citoyens qui tenoient alors les rênes de l'état, on ne les vit plus dans la compagnie de Socrate. La vérité est que jamais ils ne l'avoient aimé; & d'ailleurs ils ne pouvoient ſe trouver avec lui ſans eſsuyer ſur leur conduite des reproches qu'ils n'écoutoient pas volontiers. Ils ſe livrerent aux affaires de la république, & n'avoient pas eu d'autre motif de ſe lier quelque temps avec Socrate. Mais que l'on conſidere ſes autres diſciples, Chéréphon, Simmias, Phédon, Chérécrate, Cébès, & tant d'autres qui le fréquentoient, non pour apprendre à séduire le peuple dans les aſsemblées par les charmes de la parole, non pour s'élever aux emplois de la judicature, mais pour devenir honnêtes & vertueux, & pour apprendre leurs devoirs envers leurs parents, leurs domeſtiques, leurs amis, leur patrie, leurs concitoyens : jamais aucun d'eux, ni dans ſa jeuneſse, ni dans un âge plus avancé, n'eut à ſe reprocher d'avoir fait le mal, ne put même en être ſoupçonné.

Mais Socrate, dit ſon accuſateur, perſuadoit à ſes diſciples qu'il les rendoit plus ſages que leurs peres, & c'étoit détruire en eux le reſpect filial. Il leur diſoit que la loi permet aux fils de lier leur pere quand ils peuvent le convaincre de folie, & ſe ſervoit de cet argument pour prouver que les loix accordent à l'homme inſtruit le droit de mettre l'ignorant à la chaîne.

Ce n'eſt pas ainſi que penſoit Socrate : il croyoit au contraire que le ſavant préſomptueux qui voudroit charger l'ignorant de chaînes mériteroit d'être enchaîné lui-même par le premier qui en ſauroit plus que lui. Il examinoit ſouvent la différence qui ſe trouve entre l'ignorance & la folie : Il faut, diſoit-il, enchaîner les inſensés furieux pour leur propre intérêt & pour celui de leurs amis : quant à ceux qui ne ſavent pas ce qu'il eſt néceſsaire de ſavoir, les gens plus éclairés ont ſur eux un beau droit ; celui de les inſtruire.

XIII.

SOCRATE ne s'eſt pas contenté, pourſuit l'accuſateur, de détruire dans ſes diſciples le reſpect pour leurs peres ; il les a rendus indifférents pour toute leur famille. Êtes-vous malades ? leur diſoit-il : avez-vous un procès ? vous ne vous adreſſez pas à vos parents, mais à un médecin ou à un avocat. Il ajoutoit même que les amis n'étoient bons à rien s'ils n'étoient utiles, & que personne enfin ne méritoit nos honneurs que ceux qui savent ce qu'il nous importe de savoir & qui peuvent nous l'enseigner. Et comme il avoit l'art de persuader à cette jeunesse que lui-même étoit fort sage & que personne n'avoit plus que lui le talent de rendre sages les autres, elle croyoit que tous les hommes n'étoient rien en comparaison de Socrate.

Je sais qu'il se servoit des expressions que lui reproche l'accusateur. On se hâte, disoit-il aussi, d'emporter les corps des personnes mêmes qui nous furent les plus cheres dès qu'ils sont abandonnés de l'ame en qui seule réside l'intelligence.

Tant que nous vivons, ajoutoit-il, nous n'avons rien de plus cher que notre corps; nous coupons cependant, nous rejettons de toutes ſes parties ce qui n'eſt d'aucun uſage, comme les ongles, les cheveux, les calloſités. Nous nous ſoumettons aux plus vives douleurs pour nous défaire de certaines portions inutiles de nous-mêmes; nous les faiſons extirper ou brûler par un médecin, & nous croyons que ce ſervice mérite des récompenſes. Voilà bien ce qu'il diſoit: mais il n'enſeignoit pas pour cela qu'il fallût enterrer ſon pere tout vivant ni ſe faire couper soi-même en morceaux; il prouvoit ſeulement que ce qui eſt ſans utilité doit reſter ſans honneur. C'eſt ainſi qu'il engageoit ſes amis à ſe rendre utiles par leurs talents & leurs connoiſsances. Vous voulez, leur diſoit-il, être eſtimé de votre pere, de votre frere, de vos parents : ne reſtez pas dans l'indolence, vous repoſant ſur les liens de la parenté ; mais ſoyez utile à ceux dont vous voulez obtenir la tendreſse.

XIV.

L'ACCUSATEUR le chargeoit encore d'avoir choiſi dans les plus célebres des poètes les morceaux les plus dangereux ; de s'en être fait des autorités pour détruire dans ſes diſciples l'horreur du crime, & pour leur inſpirer des ſentiments tyranniques. Héſiode a dit :

Ce n'eſt pas l'action qui nous couvre de honte,
Mais l'inactivité.

Il prétendoit que Socrate expliquoit ce vers comme ſi le poete eût ordonné de ne s'abſtenir d'aucune action injuſte ou malhonnête, & de faire le mal quand on y trouvoit ſon profit. Ce n'étoit pas là le ſentiment de Socrate. Après avoir établi qu'il eſt utile & honnête de s'occuper, nuiſible & honteux de languir dans la pareſse : Ceux qui font le bien, ajoutoit-il, travaillent en effet & méritent des éloges ; mais jouer aux dés, mais ne ſe livrer qu'à des occupations condamnables & dangereuſes, c'eſt croupir dans la plus coupable inaction : &, dans ce ſens, il eſt bien vrai que

Ce n'eſt pas l'action qui nous couvre de honte,
Mais l'inactivité.

On lui reprochoit encore d'avoir abusé de ces vers d'Homere :

Eh quoi ! disoit Ulysse aux monarques, aux grands,
Mortels chéris des dieux, vous connoissez la crainte !
Méprisez un vain peuple & sa frivole plainte ;
Pour vos nobles desseins qu'il apprenne à souffrir.
Mais qu'un mortel obscur à ses yeux vînt s'offrir,
Qu'il osât faire entendre une voix alarmée :
Tu n'es rien aux conseils, & rien dans notre armée,
Lui disoit-il : attends les volontés des rois,
Et crains d'avoir parlé pour la derniere fois.

Faut-il en croire l'accusateur ? Socrate interprétoit ces vers comme si le poète eût célébré les violences que supportent les peuples & les infortunés. Si telle eût été la pensée de Socrate, il auroit donc cru qu'il falloit le maltraiter lui-même, puisqu'il étoit de la classe des pauvres citoyens : mais il entendoit que ceux qui ne rendent aucun ſervice ni par leurs actions ni par leurs talents, qui ne peuvent être d'aucun ſecours dans l'occaſion à la guerre, aux citoyens, à l'état, ſur-tout s'ils joignent l'audace à leur inutilité, ne peuvent être réprimés trop fortement, quand même ils auroient de grandes richeſses.

XV.

Il eſt certain que Socrate étoit ami du peuple & de l'humanité. Il avoit un grand nombre de diſciples athéniens & étrangers ; il ne recevoit d'eux aucune récompenſe, & communiquoit également à tous ſes lumieres, c'eſt-à-dire tout ce qu'il poſsédoit. Pluſieurs ne reçurent que fort peu ; mais ils le reçurent ſans intérêt, & le vendirent chèrement à d'autres : car, n'étant pas comme lui les amis du peuple, ils refusoient leurs leçons quand on n'avoit pas de quoi les bien payer.

Socrate donna, sans doute, bien plus d'éclat à notre république que ce Lichas si célebre par son hospitalité ne put en procurer à celle de Lacédémone. Lichas tenoit sa table ouverte à tous les étrangers que la curiosité attiroit à la fête des gymnopédies, où la jeunesse de Sparte s'exerçoit toute nue : mais notre sage, consacrant toute sa vie à communiquer ses richesses, répandit le plus grand des bienfaits sur tous ceux qui voulurent les partager. Il ne renvoyoit pas ceux qui s'attachoient à lui sans les avoir rendus meilleurs.

Et voilà celui que la république a pu condamner à la mort ! Il ne méritoit, ſans doute, que des honneurs. Examinons les loix, & nous trouverons qu'il en méritoit. Les voleurs, les aſsaſſins, les ſacrileges ; voilà ceux qu'elles condamnent. Quel homme fut jamais plus que Socrate éloigné de ces crimes ? A-t-il excité des ſéditions, occaſionné des défaites ? s'eſt-il souillé de quelque trahiſon, de quelque forfait ? a-t-il dépouillé perſonne de ſes biens ? a-t-il jetté perſonne dans de fâcheuſes affaires ? Non : il n'a donc été coupable d'aucun des crimes que pourſuivent les loix.

De quoi donc a-t-on pu l'accuſer ? De ne pas adorer les dieux ? Il eſt prouvé que perſonne ne fut jamais plus religieux que lui. De corrompre la jeuneſse ? Il eſt prouvé qu'il détruiſoit les paſſions funeſtes de ſes diſciples, qu'il leur rendoit chere la vertu ſi belle, ſi brillante, qui fait fleurir les états & répand la proſpérité ſur les familles.

Voilà ce qu'il a fait ; & il n'étoit pas digne des plus grands honneurs que la république puiſse décerner ! Je vais écrire, autant que ma mémoire pourra me le permettre, tout le bien qu'il a fait à ſes diſciples, ſoit en leur donnant des leçons, ſoit en leur montrant en lui-même l'exemple qu'ils devoient ſuivre.

XVI.

COMMENT ſe comportoit-il envers les dieux ? comment en parloit-il ? Comme la Pythie elle-même répond à ceux qui viennent l'interroger ſur les ſacrifices qu'ils veulent offrir, ſur tous les actes religieux. Conformez-vous aux loix de votre pays, répond la prêtreſse; c'eſt remplir les devoirs qu'exige la piété.

C'eſt ce que Socrate obſervoit, & ce qu'il recommandoit aux autres. Il traitoit d'inſensés & de ſuperſtitieux ceux que la vanité faiſoit tendre à une plus grande perfection. Ses prieres étoient ſimples; il demandoit aux dieux de lui accorder ce qu'il lui étoit utile d'obtenir, perſuadé qu'ils connoiſsent bien mieux que nous nos véritables avantages. Demander aux dieux de l'or, de l'argent, la puiſsance ſuprême, c'étoit, ſuivant lui, comme ſi on leur demandoit de jouer aux dés, de combattre, ou d'autres choſes ſemblables dont le ſuccès eſt toujours incertain.

Les foibles offrandes du pauvre ne lui ſembloient pas plus mépriſables que les nombreuſes victimes offertes par des hommes puiſsants & fortunés. Il seroit, diſoit-il, indigne des dieux de donner la préférence aux plus pompeuſes offrandes; car il leur arriveroit ſouvent de recevoir avec plus de clémence les vœux des méchants que ceux des hommes vertueux. Daignerions-nous regarder la vie comme un préſent fort eſtimable, s'il falloit que les offrandes du crime fuſsent préférées à celles de la vertu? Perſuadé que les hommages rendus par la piété sont toujours les plus agréables aux dieux, il aimoit à citer ce vers :

Consultez vos moyens, même dans vos offrandes.

Il ajoutoit que le précepte qui nous ordonne de consulter nos moyens devoit être la regle de notre conduite avec nos amis, avec nos hôtes, & qu'il ne falloit même s'en écarter dans aucune action de la vie.

Quand il croyoit que les dieux lui avoient eux-mêmes signifié leurs volontés, aucune force humaine n'auroit pu le faire résister à cette inspiration : on lui auroit fait plutôt préférer pour guide d'un voyage un aveugle ou quelqu'un qui n'auroit pas su le chemin, à un homme clairvoyant & qui auroit bien connu la route. Il accuſoit de folie ceux qui agiſseient contre l'inſpiration divine dans la crainte de s'attirer la raillerie des hommes ; car toute la prudence humaine lui paroiſsoit bien mépriſable, comparée aux avis de la divinité.

XVII.

A LA maniere dont il avoit réglé ſon corps & ſon eſprit, il eût fallu que le ciel même eût pris plaiſir à l'accabler pour l'arracher à ſa ſécurité & l'empêcher de ſuffire aux foibles dépenſes qu'exigeoient ſes beſoins. Telle étoit ſa ſobriété, qu'il paroît impoſſible de travailler aſsez peu pour ne pas gagner ce dont il ſe contentoit : il ne prenoit de nourriture qu'autant qu'il en pouvoit prendre avec plaiſir, & attendoit, pour ſe mettre à manger, que l'appétit lui servît d'aſsaiſonnement; toute boiſſon lui étoit agréable, parcequ'il ne buvoit jamais ſans avoir ſoif.

S'il étoit invité à quelque feſtin, & qu'il ne refusât pas de s'y rendre, il trouvoit aisé ce qui paroît ſi difficile aux autres, de ne ſe livrer à aucun excès. Il exhortoit ceux qui ne pouvoient ſuivre ſon exemple à ne pas toucher aux mets qui excitent encore à manger lorſqu'on n'a plus faim, & aux liqueurs qui engagent à boire quand la ſoif eſt paſsée : il diſoit que rien n'étoit plus funeſte que ces excès à l'eſtomac, à la tête & à l'eſprit. Circé, ajoutoit-il en riant, n'employoit pas d'autre enchantement pour changer les hommes en pourceaux; & ſi Ulyſse a pu ſe ſouſtraire à cette funeſte métamorphoſe, c'eſt qu'il étoit éclairé par les conſeils de Mercure, & que ſa ſobriété naturelle ne lui permettoit pas de prolonger les plaiſirs de la table quand il n'y étoit plus invité par le beſoin. C'eſt ainſi que Socrate ſavoit mêler le badinage à ſes plus graves leçons.

XVIII.

Il connoiſsoit les ſuites funeſtes de l'amour, & il exhortoit ſes diſciples à fuir les traits dangereux de la beauté. Il n'eſt pas aisé, diſoit-il, de s'y expoſer & de conſerver la ſageſse.

S'étant apperçu que Critobule, fils de Criton, avoit eu l'imprudence de dérober un baiſer à la fille d'Alcibiade, qui ſe diſtinguoit par ſa beauté, il ne lui dit rien à lui-même; mais s'adressant en sa présence à Xénophon : Répondez-moi, lui dit-il; n'avez-vous pas pris jusqu'ici Critobule plutôt pour un jeune homme prudent que pour un téméraire? Auriez-vous cru qu'avec son air réservé ce fût un étourdi prêt à se plonger tête baissée dans le péril? — J'étois loin de le croire. — Eh bien! regardez-le à présent comme le plus audacieux, le plus bouillant des hommes, capable de se précipiter sur le fer, de se jetter dans les flammes. — Et qu'a-t-il donc fait, Socrate, pour que vous preniez de lui cette idée? — Comment! n'a-t-il pas eu l'audace d'embrasser la fille d'Alcibiade, cette jeune personne qui réunit tant de charmes!

— Oh ! ſi c'eſt là ſa témérité, je crois que je ſerois capable de la même audace. — Ah ! malheureux ! tu ne prévois pas combien tu paierois cher ce baiſer cueilli ſur une ſi belle bouche. Tu es libre : veux-tu donc en un inſtant devenir eſclave ? veux-tu te perdre dans le ſein des plus dangereuſes voluptés ? veux-tu détruire dans ton cœur l'amour de l'honnêteté, de la décence, & te livrer à des ſoins honteux, indignes même d'un inſenſé ? — Par Hercule ! mon cher Socrate, voilà une terrible puiſſance que vous donnez à un baiſer. — En es-tu donc étonné ? Ne sais-tu pas que l'araignée qu'on appelle phalange n'eſt pas plus grande qu'une demi-obole, & qu'appliquée ſeulement ſur les levres elle caufe des douleurs mortelles & prive les hommes de la raifon ? — Je le sais : mais c'eft qu'en pinçant les chairs elle y infinue je ne sais quel venin. — Infensé ! tu ne sais donc pas qu'une belle bouche, en donnant un baifer, infinue dans notre fang un invifible poifon ? tu ne sais donc pas que la beauté eft bien plus redoutable encore que la phalange ? Celle-ci blefse quand elle touche; mais l'autre, fans toucher, & par le feul afpect, répand en nous je ne sais quoi qui nous tourne la tête. Si l'on donne le nom d'archers aux Amours, c'eft parceque la beauté blefse de loin. Ainfi, mon cher Xénophon, je n'ai qu'un confeil à te donner. Quand tu verras des attraits capables de te charmer, détourne les yeux & prends la fuite. Et vous, Critobule, je vous exhorte à voyager une année entiere : ce temps ſuffit à peine pour guérir votre bleſsure.

C'eſt ainſi qu'il ne connoiſsoit, pour les cœurs trop foibles contre l'amour, d'autre remede que la fuite : elle empêche l'imagination de former des deſirs que n'inſpire pas le beſoin, & même de s'abandonner à ceux qu'il inſpire.

XIX.

Il ne s'étoit pas moins fortement armé lui-même contre la beauté que les autres ne le sont contre la laideur, & ne combattoit pas la paſſion du vin & de la bonne chere avec moins de puiſsance que celle de l'amour. Perſuadé qu'il ne goûtoit pas moins de plaisirs que ceux qui s'abandonnent à tous leurs mouvements déréglés, il étoit sûr d'éprouver bien moins de peines.

On a dit, on a même écrit, qu'il avoit bien le talent d'appeller les hommes à la vertu, mais qu'il n'avoit pas celui de les en pénétrer. Cependant qu'on veuille bien réfléchir sur les raisonnements qu'il employoit pour combattre les présomptueux qui se flattoient de tout savoir ; qu'on se rappelle ce qu'il disoit journellement à ceux qui le fréquentoient, & l'on ne pourra s'empêcher de croire qu'il étoit bien capable de rendre ses disciples plus vertueux.

Je vais d'abord raconter l'entretien qu'il eut en ma présence avec

Ariſtodeme ſurnommé le Petit, un jour que la converſation vint à tomber ſur la divinité. Il ſavoit qu'Ariſtodeme n'offroit pas de ſacrifices aux dieux, qu'il mépriſoit la divination, & qu'il n'épargnoit pas, dans ſes railleries, ceux qui obſervoient ces pratiques religieuſes.

Daignez me répondre, mon cher Ariſtodeme, lui dit-il : Y a-t-il quelques perſonnes dont vous admiriez les talents ? — Sans doute, répondit Ariſtodeme. – Voudriez-vous bien me les nommer ? — J'admire ſur-tout Homere dans la poéſie épique, Mélanippe dans le dithyrambe, Sophocle dans la tragédie, Polyclete dans la ſtatuaire, & Zeuxis dans la peinture. — Mais quels artiſtes trouvez-vous les plus admirables de ceux qui ſont des figures dénuées de mouvement & de raiſon, ou de ceux qui produiſent des êtres animés & qui leur donnent la faculté de penſer & d'agir ? — Ceux qui créent des êtres animés, ſi cependant ces êtres sont l'ouvrage d'une intelligence & non pas du haſard. — Mais ſuppoſons des ouvrages dont on ne puiſse reconnoître la deſtination, & d'autres dont on apperçoive manifeſtement l'utilité : leſquels regarderez-vous comme la création d'une intelligence, ou comme le produit du haſard ? — Il faudra bien attribuer à l'intelligence les ouvrages dont on ſentira l'utilité. — Ne vous ſemble-t-il donc pas que celui qui a fait les hommes dès le commencement, leur a donné les organes des ſens parceque ces organes leur sont utiles; des yeux, pour qu'ils euſsent la perception des objets viſibles; des oreilles, pour qu'ils puſsent entendre les ſons? A quoi nous ſerviroient les odeurs ſi nous n'avions pas de narines? & ſans un palais capable de recevoir les ſenſations qu'excitent en nous les ſaveurs, comment aurions-nous quelque idée de leur douceur ou de leur âcreté?

Notre vue eſt délicate: ne reconnoiſsez-vous pas l'œuvre de la providence dans ces paupieres qui lui ſervent de portes? elles s'ouvrent quand il nous plaît de faire uſage de nos yeux; elles ſe baiſsent quand nous nous abandonnons au ſommeil. Les vents auroient pu offenſer nos prunelles : mais les cils sont comme des cribles qui les défendent; & les ſourcils s'avançant en forme de toit au-deſsus de nos yeux, ne permettent pas que la ſueur les incommode en découlant de notre front.

Parlerai-je de l'ouïe, qui reçoit tous les sons & ne ſe remplit jamais? Chez tous les animaux les dents antérieures sont tranchantes, & les molaires achevent de broyer les aliments qu'elles reçoivent déja tout coupés des inciſives. La bouche eſt deſtinée à recevoir ce qui excitoit l'appétit de l'animal : c'eſt la providence qui l'a placée près des yeux & des narines. Comme nos déjections inſpirent le dégoût, elle en a éloigné les canaux & les a placés aussi loin qu'il est possible des plus délicats de nos sens.

Eh quoi ! lorsque ces ouvrages sont faits avec tant d'intelligence, vous doutez qu'ils soient le fruit d'une intelligence ! — Je sens bien qu'en les considérant sous ce point de vue, il faut reconnoître l'œuvre d'un sage ouvrier, animé d'un tendre amour pour ses ouvrages. — Ajoutons qu'il a imprimé dans les peres l'amour de se reproduire dans leurs enfants; dans les meres, le besoin de les nourrir; dans tous les animaux, le plus grand desir de vivre, la plus grande crainte de mourir. Pouvez-vous méconnoître les soins d'un ouvrier qui vouloit que les animaux existassent? Ne croyez-vous pas avoir vous-même une intelligence ? Et vous ne croirez pas qu'il exiſte de l'intelligence hors de vous ! Embraſsez en imagination l'étendue de la terre ; votre corps n'en eſt qu'une bien foible partie : j'en dis autant de l'humidité & des autres éléments dont vous êtes formé. Tous sont immenſes ; mais une portion preſque inſenſible de ces éléments compoſe votre corps : & vous croyez avoir eu le bonheur d'enlever pour vous ſeul toute l'intelligence ! & tant d'œuvres magnifiques, innombrables, cet ordre ſi ſublime, tout cela vous ſemble l'ouvrage d'un aveugle haſard ! — Il faut bien que j'en convienne, car enfin je ne vois pas les ouvriers qui ont produit ces chefs-d'œuvre, & je connois les artiſans qui ont fait les ouvrages que je vois ſur la terre. — Vous ne voyez pas non plus votre eſprit qui gouverne votre corps : dites donc auſſi que vous faites tout par haſard, & rien avec intelligence.

— Mais je ne mépriſe pas la divinité, mon cher Socrate ; je lui crois ſeulement trop de grandeur pour qu'elle ait beſoin de mon culte. — Cependant plus elle met de grandeur dans les bienfaits qu'elle vous accorde, plus il vous convient de la révérer. — Soyez perſuadé que je ne négligerois pas les dieux, ſi je croyois qu'ils priſsent quelque intérêt à ce qui regarde les hommes. — Ils n'en prennent donc pas, eux qui nous ont accordé, comme aux autres animaux, le goût, la vue, l'ouïe, mais qui n'ont permis qu'à nous ſeuls de lever la face vers le ciel ! Par ce bienfait, nous voyons plus loin, nous regardons plus facilement au-deſsus de nos têtes, nous prévenons plus sûrement les dangers. Ils ont attaché les autres animaux à la terre, & ne leur ont donné que des pieds pour changer de place : c'eſt à nous ſeuls qu'ils ont accordé des mains, & elles nous rendent bien ſupérieurs à tous les autres animaux. Tous ont une langue ; mais la nôtre ſeule, par ſes divers mouvements combinés avec ceux des levres, articule tous les ſons & fait connoître aux autres toutes nos volontés. Parlerai-je des plaiſirs de l'amour ? il n'eſt permis aux animaux de s'y livrer que dans une ſaiſon de l'année : l'homme ſeul peut les goûter en tout temps juſques dans lá vieilleſse.

Peu contents de nous avoir témoigné leur bonté dans la conformation de nos corps, les dieux ont voulu nous donner l'ame la plus parfaite. Quel eſt l'animal dont l'ame connoiſse l'exiſtence des dieux, auteurs de toutes les beautés, de toutes les merveilles que nous admirons ? Quel autre animal adore les dieux ? Quel autre, par la force de ſon eſprit, sait prévenir la faim, la ſoif, les rigueurs opposées des ſaiſons, guérir les maladies, augmenter ſes forces par l'exercice, ajouter à ſes connoiſsances par le travail, ſe rappeller au beſoin ce qu'il a entendu, ce qu'il a vu, ce qu'il a appris ? Ne voyez-vous donc pas clairement que les hommes sont comme des dieux entre les autres animaux, qu'ils sont faits pour leur commander par la conformation de leur corps & par la ſupériorité de leur ame ?

L'animal qui auroit les pieds du bœuf & l'intelligence de l'homme, auroit les mêmes volontés que nous ſans pouvoir les remplir. Accordez-lui les mains de l'homme & privez-le de l'intelligence ; il ne sera pas moins borné. Vous réuniſsez ces deux avantages dignes de tant de reconnoiſsance, & vous vous croyez négligé par les dieux ! Que faut-il donc qu'ils faſsent pour vous perſuader qu'ils s'occupent de vous ? — Qu'ils m'envoient, comme vous dites qu'ils le font, des conſeillers pour m'apprendre ce que je dois faire, ce que je dois éviter. — Eh quoi! quand ils répondent aux Athéniens qui conſultent leurs oracles, ne vous parlent-ils pas à vous-même? Ne vous parlent-ils pas quand, par des prodiges, ils témoignent leurs volontés aux Grecs, quand ils les manifeſtent à tous les hommes? Ils n'exceptent donc que vous? vous ſeul n'êtes donc pas l'objet de leurs soins?

Quoi! nous penſons que les dieux peuvent récompenſer & punir; eux-mêmes nous ont inſpiré cette pensée: & vous croyez qu'ils n'en ont pas le pouvoir! vous croyez que les hommes, toujours trompés, n'ont jamais éprouvé ni ces peines ni ces récompenſes ! Ne voyez-vous pas que ce qu'il y a de plus ancien & de plus ſage ſur la terre, les villes, les nations, ſe diſtinguent par la piété ? ne voyez-vous pas que l'âge qui a le plus de ſageſse eſt auſſi le plus religieux ?

O bon & honnête homme ! sachez que votre eſprit, tant qu'il eſt uni à votre corps, le gouverne à ſon gré. Il faut donc croire auſſi que la ſageſse qui vit dans tout ce qui exiſte gouverne ce grand tout comme il lui plaît. Quoi ! votre vue peut s'étendre juſqu'a pluſieurs ſtades, & l'œil de Dieu même ne pourra tout embraſser ! Votre pensée peut en même temps s'occuper des événements dont vous êtes témoin & des affaires de l'Egypte & de la Sicile,

& l'eſprit de Dieu ne pourra s'occuper à-la-fois de tout l'univers !

C'eſt en rendant des ſervices aux hommes que vous reconnoiſsez s'ils veulent bien eux-mêmes vous en rendre ; c'eſt en les obligeant que vous voyez s'ils sont diſposés à vous obliger à leur tour ; c'eſt en les conſultant que vous apprenez s'ils ont de la prudence : révérez donc les dieux ; c'eſt à ce prix qu'ils daigneront vous éclairer ſur ce qu'ils n'ont pas ſoumis à notre foible raiſon. Vous reconnoîtrez alors que la divinité voit tout d'un ſeul regard, qu'elle entend tout, qu'elle eſt partout, & qu'elle prend soin de tout ce qui exiſte.

XX.

AINSI parloit Socrate ; & je ne

crois pas qu'il pût engager plus puiſsamment ceux qui le fréquentoient à ne rien faire d'impie, d'injuſte, de honteux, non ſeulement en préſence des hommes, mais même dans la plus profonde ſolitude, puiſqu'ils étoient perſuadés qu'aucune de leurs actions ne pouvoit échapper à la connoiſsance des dieux.

Paſsons à la tempérance. S'il eſt utile aux hommes d'obſerver cette vertu, voyons ſi Socrate ne parloit pas de maniere à la faire aimer.

Mes amis, diſoit-il, ſuppoſons que nous ayons la guerre & que nous voulions choiſir un homme capable de nous défendre contre nos ennemis & de les ſoumettre à notre domination. Nous connoiſsons un citoyen eſclave de ſon ventre, adonné au vin, livré au libertinage, incapable de commander au ſommeil : eſt-ce lui que nous choiſirons ? Et comment pourrions-nous attendre de lui notre ſalut & la défaite de nos ennemis ?

Suppoſons encore que nous touchions à notre derniere heure : nous voulons trouver un homme sûr, qui prenne soin de l'éducation de nos fils, qui veille ſur la vertu de nos filles, qui ménage notre fortune à nos enfants : eſt-ce un homme intempérant que nous croirons digne de notre confiance ?

Remettrons-nous à un eſclave débauché l'inſpection de nos troupeaux, de nos celliers, de nos travaux ? Qu'on voulût même nous en faire préſent ; daignerions-nous l'accepter pour le mettre à la tête de notre maiſon, pour le charger de notre dépenſe ? Quoi ! nous ne voulons pas d'un eſclave intempérant, & nous ne craindrons pas de lui reſſembler !

L'avare tâche d'enlever aux autres leur fortune ; mais c'eſt qu'il eſpere s'enrichir : il leur nuit, mais pour ſon intérêt. Le débauché eſt bien moins excuſable : il nuit, ſans tirer aucun parti de ſes vices ; il fait du mal aux autres, mais il s'en fait bien plus à lui-même. N'eſt-ce pas en effet la plus dangereuſe de toutes les fureurs de ruiner à la fois ſa maiſon, ſon corps & ſon eſprit ?

Qui pourroit ſe plaire à la familiarité d'un homme qui préfere le vin, la bonne chere, à ſes meilleurs amis, & la compagnie des filles perdues à la ſociété la plus eſtimable ? On sait que la tempérance eſt le fondement de toutes les vertus; & l'on ne tâchera pas d'en orner ſon ame ! Comment, ſans elle, connoître le bien ? comment s'en occuper ? Le malheureux aſservi à ſes plaiſirs n'aura-t-il pas le corps & l'eſprit également corrompus ? En vérité, je crois que tout homme honnête doit faire des vœux pour n'avoir pas un ſemblable eſclave, & que l'eſclave des voluptés doit prier le ciel de lui donner des maîtres vertueux : c'eſt le ſeul moyen qui puiſse le ſauver de lui-même.

Si Socrate célébroit la tempérance dans ſes diſcours, il ne l'obſervoit pas moins dans ſa conduite.

Non ſeulement il s'étoit mis au-deſsus de toutes les jouiſsances qui flattent le corps, mais auſſi de toutes les commodités que procure la fortune. Recevoir de quelqu'un, c'étoit, ſuivant lui, ſe donner un maître, c'étoit ſe ſoumettre à la ſervitude la plus honteuſe de toutes. Je me reprocherois de paſser sous ſilence l'entretien qu'il eut avec le ſophiſte Antiphon. Cet Antiphon tâchoit d'enlever à Socrate ſes diſciples. Il vint un jour le voir, & lui parla ainſi en leur préſence.

XXI.

JE croyois, Socrate, que ceux qui profeſsent la philoſophie devoient être les plus heureux des hommes; mais il me ſemble que vous avez tiré un parti tout contraire de la ſageſse. A la maniere dont vous vivez, un valet, nourri comme vous, ne reſteroit pas chez ſon maître. Vous vous contentez des mets les plus groſſiers & des plus viles boiſsons. C'eſt peu d'être couvert d'un méchant manteau, il vous sert pour toutes les ſaiſons : & vous n'avez ni chauſsure ni tunique. L'argent plaît quand on le reçoit ; il donne, quand on le poſsede, le moyen de vivre avec plus d'agrément & de décence : vous refuſez d'en recevoir. Les autres maîtres tâchent que leurs éleves ſuivent leur exemple ; ſi vous faites de même, vous pouvez vous vanter d'être le premier maître du monde pour enſeigner l'art de ſe rendre malheureux.

Je le vois bien, mon cher Antiphon, lui répondit Socrate; ma vie vous paroît bien trifte, & je gage que vous aimeriez mieux mourir que vivre comme moi. Voyons donc ce que vous trouvez de fi dur dans ma façon de vivre. D'abord ceux qui reçoivent de l'argent sont obligés de remplir leurs engagements; car c'eft à cette condition qu'on leur donne un falaire. Pour moi qui ne reçois rien, je ne suis pas forcé de m'entretenir avec des gens qui me déplaifent.

Vous méprifez la maniere dont je me nourris; eft-ce que mes aliments sont moins fains que les vôtres? eft-ce qu'ils me donnent moins de force? ou bien sont-ils plus difficiles à trouver, plus rares, plus chers ? Seroit-ce enfin que les mets qui vous nourrisent sont plus agréables à votre palais que les aliments dont je vis ne flattent le mien ? Ignorez-vous qu'avec un bon appétit on n'a pas besoin d'asaisonnement, & que celui qui boit avec plaisir ne songe pas même aux boisons qu'il n'a pas ?

On change d'habits pour se garantir successivement du chaud & du froid : on porte des chausures pour ne pas craindre de se blesser les pieds. Avez-vous jamais vu que je fuse retenu à la maison par le froid ? M'avez-vous vu, pour éviter la chaleur, disputer un ombrage à quelqu'un ? Avez-vous vu que mes pieds fusent blesés & ne me permisent pas d'aller où je voulois ?

Ne ſavez-vous donc pas que ceux qui ont reçu de la nature un corps foible, deviennent cependant bien plus forts dans les travaux auxquels ils ſe sont exercés, que ceux qui n'ont pas cultivé le même genre d'exercice? Croyez-vous que j'aurai fait prendre à mon corps l'habitude de ſupporter les privations & les fatigues, & que je n'y réſiſterai pas bien plus aisément que vous qui ne vous êtes jamais occupé de ce soin?

Si je ne suis pas eſclave de la bonne chere, du ſommeil, de la volupté, quelle en eſt la cauſe? c'eſt que je connois d'autres plaiſirs qui me flattent bien davantage, qui ne s'échappent pas dans l'inſtant où l'on en jouit, & qui promettent des douceurs inaltérables.

Vous ſavez qu'on ne peut embraſser gaîment une entrepriſe dont on n'eſpere aucun ſuccès ; mais qu'on ſe livre avec joie à la navigation, à l'agriculture, à quelque travail que ce ſoit, quand on ne craint pas de perdre le fruit de ſes peines. Eh ! la volupté la plus pure, à votre avis, n'eſt-ce donc pas d'eſpérer qu'on ſe rendra soi-même plus eſtimable, & qu'on aura des amis plus vertueux ? Cette eſpérance fait mon bonheur.

S'il faut ſervir ſes amis, ou ſa patrie, qui sera plus en état de le faire ? sera-ce celui qui vit comme moi, ou celui qui mene cette vie dans laquelle vous placez le bonheur ? Qui ſupportera mieux les fatigues de la guerre ? qui défendra plus conſtamment une ville aſſiégée ? ſera-ce celui qui ſe contente de tout ce qu'il trouve, ou celui qui ne peut vivre que des mets les plus recherchés ?

Les délices, la magnificence, voilà ce que vous appellez le bonheur : & moi je crois que n'avoir beſoin de rien, c'eſt la félicité des dieux, & qu'avoir beſoin de peu de choſe, c'eſt approcher de ce bonheur ſuprême. Si rien n'eſt plus parfait que l'eſsence divine, ce qui en approche le plus touche auſſi de plus près à la perfection.

XXII.

ANTIPHON lui dit une autre fois : Je veux croire, Socrate, que vous êtes un homme juſte ; mais je ne vous crois pas fort ſage, & il me ſemble que vous en convenez vous-même. En effet, vous ne recevez d'argent d'aucun de vos diſciples : cependant vous ne donneriez pas pour rien, vous ne vendriez pas même au-deſsous de leur valeur, votre manteau, votre maiſon, ni rien de ce que vous poſsédez. Si donc vous attachiez quelque valeur à vos leçons, il eſt clair que vous les mettriez à leur juſte prix. En un mot, ſoyez un homme de bien, je ne vous conteſte pas ce titre, puiſqu'enfin vous ne trompez perſonne par cupidité : mais ne prétendez pas être ſage, puiſque vous ne ſavez rien qui mérite d'être payé.

Socrate ne laiſsa pas ce reproche ſans réponſe. Il eſt reçu parmi nous, dit-il, qu'on peut faire un uſage honnête ou honteux de la ſageſse comme de la beauté. Qu'une femme mette ſes charmes à prix d'argent, & les vende au premier qui veut les payer, on lui donne le nom outrageux de courtiſanne : mais nous ne croyons pas indigne d'une femme honnête de ſe faire un ami qui ne chérit en elle que ſon mérite & ſa vertu. Il en eſt de même de la ſageſse : nous mépriſons comme de viles courtiſannes, nous appellons ſophiſtes ceux qui la vendent argent comptant ; mais ſi le ſage découvre un jeune homme d'un caractere heureux, s'il ſe plaît à l'inſtruire, s'il en fait un ami, il remplit les devoirs d'un honnête & reſpectable citoyen.

D'autres aiment à ſe procurer de

bons chiens, de beaux chevaux, des oiſeaux de proie : mon plaiſir, à moi, c'eſt de me procurer des amis eſtimables. Si je sais quelque choſe d'utile, je leur en fais part ; je les recommande à tous ceux qui pourront les aider dans le chemin de la vertu. Je recherche, je leur communique les tréſors de ſageſſe que les anciens nous ont laiſſés dans leurs écrits ; ſi nous trouvons quelque choſe de bon, nous ne manquons pas de le recueillir ; nous faiſons ſur-tout enſemble le plus grand de tous les profits, celui de nous aimer les uns les autres.

En entendant ainſi parler Socrate, pouvois-je ne le pas regarder comme le plus heureux des hommes ? pouvois-je douter qu'il conduiſît à la vertu ceux qui l'écoutoient ?

Vous croyez, lui disoit un jour le même Antiphon, faire de vos amis des hommes d'état : & comment ne vous êtes-vous jamais mêlé des affaires, puisque vous vous flattez de les entendre si bien ?

Et de quelle maniere, reprit Socrate, puis-je le mieux servir l'état ? est-ce en ne lui consacrant que mes talents & ma personne, ou en instruisant un grand nombre de sujets capables de traiter les affaires avec autant de probité que d'intelligence ?

XXIII.

VOYONS à présent si Socrate, en détournant ses disciples de la vanité, ne les amenoit pas à cultiver la vertu. Être homme de bien, diſoit-il toujours, ne pas chercher à le paroître, c'eſt le vrai chemin de la gloire. Voici comme il prouvoit cette vérité.

Suppoſons, diſoit-il, un homme qui sache à peine jouer de la flûte & qui veuille paſser pour avoir un grand talent : imaginons un peu ce qu'il aura de mieux à faire pour uſurper cette réputation. D'abord il faudra qu'il imite les grands muſiciens dans tout ce qui fait l'extérieur de leur art. Ils ont d'excellents inſtruments, ils traînent à leur suite une foule de valets ; il ne manquera pas de les imiter en cela : de nombreux admirateurs célebrent leurs talents ; il ſe procurera donc un grand nombre de prôneurs. Ce n'eſt pas tout encore ; s'il ne veut pas ſe rendre ridicule, être convaincu d'impoſture, il faudra qu'il ne joue jamais de la flûte. Voilà donc un homme qui dépenſe beaucoup, qui ne gagne rien, & qui va ſe perdre de réputation. Ne faut-il pas convenir qu'il vit miſérablement & qu'il n'eſt digne que de riſée?

Figurons-nous encore un homme qui veuille paſser pour un bon général, pour un habile pilote, & qui ne connoiſse ni la mer ni le métier des armes : imaginons ce qui lui arrivera. S'il ne peut perſuader les autres du talent qu'il n'a pas, il eſt malheureux : s'il les perſuade, il eſt plus malheureux encore. Avec toute ſon ignorance, il ſe verra chargé du commandement d'une armée, de la conduite d'un vaiſseau : il ne manquera pas de perdre des gens qu'il auroit bien voulu ſauver, & sera forcé lui-même de renoncer honteuſement à ſon emploi.

Socrate montroit par ces exemples combien il eſt dangereux de faire une fauſse parade de richeſses, de force, de courage. On obtient par ce moyen des places qu'on ne peut remplir, on montre au grand jour toute ſon incapacité, & l'on ſe rend indigne de toute indulgence.

Il n'appelloit pas impoſteur le petit frippon qui fait des dupes, en tire un peu d'argent ou quelques effets; mais l'important ſans mérite, qui en impoſe à ſes concitoyens & leur perſuade qu'il eſt capable de gouverner l'état. Il me ſembloit que de tels diſcours étoient bien propres à guérir ſes diſciples de la vanité.

# LIVRE II.

I.

Je crois auſſi que, par ſes leçons, il encourageoit puiſsamment ſes diſciples à fuir les excès du vin & de la bonne chere, à ne ſe laiſser vaincre ni par l'amour ni par le ſommeil, à réſiſter aux rigueurs de l'hiver & aux chaleurs de l'été, & à ſupporter le travail & la peine.

Il ſavoit que l'un d'eux s'abandonnoit à la molleſse. Mon cher Ariſtippe, lui dit-il, je ſuppoſe qu'on vous préſente deux jeunes gens à élever, l'un deſtiné à commander un jour, & l'autre à reſter dans la vie privée : comment vous y prendriez-vous avec chacun d'eux ? Voulez-vous que nous commencions par les premiers éléments, c'eſt-à-dire par la nourriture ? — Volontiers ; car, ſans la nourriture, il seroit impoſſible de vivre. — Il eſt donc certain qu'ils demanderont tous deux à manger aux heures des repas. — Ce point n'eſt pas douteux. — Eh bien ? lequel accoutumerons-nous à ſe livrer plutôt à quelque occupation preſsante que de ſatisfaire ſon appétit ? — Celui que nous élèverons pour commander, afin que les affaires de l'état ne ſouffrent pas un jour entre ſes mains. — Il faudra ſans doute auſſi qu'il sache réſiſter au beſoin de la ſoif ? — Cela eſt eſsentiel. — Mais auquel des deux apprendrons-nous à vaincre le ſommeil, afin qu'il s'accoutume à ſe coucher tard, à ſe lever de bonne heure, à veiller s'il le faut ? — C'eſt encore au même. — Et lequel formerons-nous à combattre l'amour, de peur que ſes plaiſirs ne le détournent des affaires dont il sera chargé ? — Toujours le même. — Auquel des deux imposerons-nous de ne pas craindre le travail, & de s'y livrer avec une alégreſse toujours nouvelle ? — A celui qui doit commander. — Et s'il eſt un art qui puiſse apprendre à l'emporter ſur ſes adverſaires, à qui conviendra-t-il de l'enſeigner ? — Oh ! ſans difficulté, à celui qu'on deſtine au gouvernement. Si cet art lui manque, tous ſes autres talents lui deviendront inutiles.

Vous ſentez, reprit Socrate, qu'avec une ſemblable éducation il lui sera bien plus aisé d'éviter les embûches de ſes ennemis qu'il ne l'eſt aux plus rusés des animaux. Les uns, quoique timides, mais trompés par leur gourmandiſe, ſe laiſsent attirer par l'eſpoir de la pâture, ſe jettent ſur l'appât & sont pris : on trompe les autres en cachant le piege dans la liqueur qui devroit étancher leur ſoif : d'autres, comme les cailles & les perdrix, ſe perdent par l'attrait du plaiſir ; à la voix d'une femelle, ils ceſsent de craindre le danger, &, séduits par le deſir & l'eſpérance, ils volent & tombent dans les filets de l'oiſeleur.

Mais ne trouvez-vous pas honteux que des hommes donnent dans les mêmes pieges que les plus stupides des animaux ? C'est pourtant ainsi que nous voyons les amants adulteres courir d'eux-mêmes se renfermer dans la chambre nuptiale de l'époux qu'ils offensent, quoiqu'ils sachent tous les dangers qui les menacent & la peine que les loix leur préparent; quoiqu'ils n'ignorent pas qu'on leur dresse des embûches, & qu'ils ne peuvent être surpris sans se voir livrés à l'opprobre. Malgré les peines & la honte qui les attendent, malgré tout ce qui pourroit les arracher à leur passion criminelle, ils se jettent aveuglément dans le péril, & l'on diroit qu'ils y sont poussés par un mauvais génie. — Cela n'est que trop vrai.

II.

Vous ſavez, continua Socrate, que bien des profeſſions obligent de reſter en plein air : tel eſt le métier des armes, tels sont les travaux de l'agriculture, telles enfin mille circonſtances où l'on peut ſe trouver. Ne regardez-vous donc pas comme une négligence condamnable de ne pas s'exercer à ſupporter le froid & le chaud ? — Je ne ſaurois le nier. — Il vous ſemble donc qu'on ne peut ſe deſtiner à commander aux autres, ſans avoir pris l'habitude de ſouffrir toutes ces incommodités ? — C'eſt abſolument mon avis. — Mais en accordant les premiers emplois de l'état à ces hommes exercés à la tempérance, endurcis à la fatigue, nous condamnerons les autres à ne pas ſonger même à ſe mêler du gouvernement. — J'en ſuis d'accord avec vous. — Eh bien! puiſque vous connoiſsez la place que chacun mérite, examinez donc un peu quelle doit être la vôtre.

La mienne! dit Ariſtippe; je n'ai garde d'en prendre une parmi les ambitieux qui brûlent de gouverner l'état. Le plus fou des hommes, ſelon moi, c'eſt celui qui, non content du néceſsaire, car voilà l'eſsentiel, a la fureur de pourvoir aux beſoins de ſes concitoyens; qui ſe prive de tous les objets de ſes deſirs pour goûter la ſatisfaction de ſe voir à la tête de ſa patrie; & qui, s'il n'a pas l'adreſse de contenter tous les caprices du peuple, finira par être appellé en jugement. Mais, je vous le demande à vous-même, n'eſt-ce pas là le comble de la démence ? Car enfin le peuple prétend ſe ſervir de ſes magiſtrats, comme moi de mes eſclaves. Je veux que mes valets me fourniſsent en abondance tout ce qui m'eſt néceſsaire, & qu'ils n'y touchent pas : & le peuple entend que ſes magiſtrats lui procurent une affluence de toutes sortes de biens, ſans qu'ils oſent eux-mêmes en profiter. Trouvez-moi de ces gens qui aiment à ſe voir ſurchargés d'affaires & à en donner aux autres ; voilà ceux que je crois propres aux grands emplois, & que j'éleverai pour le commandement. Pour moi, je me range volontiers dans la claſse qui n'a d'autre ambition que de paſser doucement & agréablement la vie.

III.

VOULEZ-VOUS que nous examinions, dit Socrate, qui vit le plus agréablement de ceux qui gouvernent ou de ceux qui sont gouvernés ? — Volontiers. — Parcourons d'abord les peuples que nous connoiſsons. En Aſie, les Perſes commandent; les Syriens, les Phrygiens, les Lydiens leur sont ſoumis : en Europe, les Scythes ont la puiſsance & tiennent les Méotes sous le joug : en Libye, les Carthaginois exercent l'empire & forcent les Libyens à reconnoître leur domination. Quels de ces peuples vous ſemblent les plus heureux ? Ou plutôt reſtons dans la Grece, votre patrie : pluſieurs nations y commandent, pluſieurs y sont ſoumiſes ; desquelles la ſituation vous paroît-elle la plus douce ? — Mais je ne me mets pas au rang des eſclaves : je crois qu'il exiſte une route moyenne, & c'eſt celle que je tâche de ſuivre, ſans commander, ſans obéir, & conſervant toujours la liberté qui conduit au bonheur.

Mais, répliqua Socrate, ſi votre route moyenne, qui ne conduit ni au commandement ni à l'eſclavage, ne mene pas même à vivre avec les hommes, qu'aurez-vous à me dire ? Votre projet eſt de vivre dans la ſociété ſans commander, ſans être ſoumis, ſans rendre même une déférence volontaire à ceux qui commandent : vous ne ſavez donc pas que les puiſſants ſavent arracher des larmes aux foibles, les ſubjuguer, en ſaire leurs eſclaves, tantôt les opprimant tous à la fois, tantôt les accablant en détail? Le malheureux a ſemé ; ils coupent ſa moiſson. Plante-t-il un arbre ? ils l'arrachent. En un mot, ils aſſiegent de toutes parts le foible qui veut ſe ſouſtraire à leur puiſsance, & l'obligent à préférer des chaînes à la néceſſité toujours renaiſsante de combattre contre la force. Sachez, mon cher Ariſtippe, que les petits ne reſpirent que pour le ſervice & le profit des grands.

IV.

J'AI trouvé le moyen de ne vivre au ſervice de perſonne, reprit Ariſtippe : c'eſt de ne m'attacher à aucun pays, & d'être étranger partout. — Voilà, je vous jure, une adreſse admirable! car, ſans doute, depuis la mort de Sinnis, de Sciron & de Procruſte, perſonne ne s'aviſe plus de maltraiter les étrangers. Nous voyons cependant que ceux qui, même dans leur patrie, sont à la tête du gouvernement, portent des loix pour ſe mettre à l'abri de l'injuſtice; que, non contents d'avoir des parents, des amis attachés à leurs intérêts, ils ſe font encore un parti capable de les défendre; qu'ils entourent les villes de murailles; qu'ils raſsemblent des armes pour repouſser l'inſulte; & que, trop peu raſsurés par toutes ces précautions, ils ſe ménagent des alliances au dehors: encore, malgré tant de soins, ne sont-ils pas à l'abri de tous les attentats.

Et vous qui n'avez rien de tout cela, qui paſsez une bonne partie de votre vie dans les chemins ; & c'eſt là qu'il ſe commet le plus de crimes ; vous qui êtes toujours le dernier dans toutes les villes que vous traverſez ; vous enfin qui, par cette ſituation même, serez toujours le premier qu'attaquera l'injuſtice, vous vous croyez à l'abri de l'inſulte parceque vous êtes étranger ! Et d'où vient votre confiance ? Eſt-ce de ce que les villes vous donnent des paſseports pour entrer & pour ſortir en sûreté ? ou n'eſt-ce pas plutôt parceque vous ſavez bien qu'aucun maître ne peut tirer parti d'un eſclave qui vous reſsemble ? Vous avez raiſon ; car qui voudroit d'un valet qui refuſe abſolument de ſe donner aucune peine & qui prétend vivre ſomptueuſement ?

Mais examinons enſemble comment les maîtres traitent de ſemblables domeſtiques. Ne ſavent-ils pas réprimer en eux par la faim leur goût pour la vie délicate ? Ne les empêchent-ils pas de voler, en cachant tout ce qu'ils pourroient prendre ; de fuir, en les chargeant de fers ? Ne ſavent-ils pas domter la pareſſe à coups de fouets ? Et vous-même, que faites-vous, quand vous avez un eſclave comme celui que je dépeins ? — J'épuiſe ſur lui tous les genres de punitions, juſqu'à ce qu'il prenne le parti de me bien ſervir.

V.

MAIS dites-moi, Socrate, l'homme privilégié qu'on éleve pour commander aux autres, & qu'on prépare à cette grandeur que vous regardez, ce me semble, comme la félicité suprême, en quoi differe-t-il des infortunés que la nécessité même a condamnés au malheur ? Comme eux, il endurera la soif & la faim ; comme eux, il éprouvera la rigueur du froid ; il sera comme eux privé du sommeil : je le vois enfin soumis à mille maux. Mais, dites-vous, ces maux sont volontaires. Fort bien : mais que je veuille bien tourmenter mon corps, ou qu'on le tourmente malgré moi ; que je me présente de moi-même pour être déchiré de verges, ou qu'on me fouette sans me demander mon avis, je n'en vois pas bien la différence : je vois seulement que c'eſt une folie de ſe condamner soi-même à ſouffrir. — Comment, Ariſtippe, vous ne ſentez pas la différence des ſouffrances forcées & des ſacrifices volontaires ? Si c'eſt moi qui conſens à endurer la faim ou la ſoif, je puis boire ou manger quand il me plaira : mais puis-je mettre fin, quand je le veux, aux ſouffrances que m'impoſe la néceſſité ? Celui qui ſouffre volontairement eſt conſolé par l'eſpérance, comme le chaſseur ſupporte gaiement la fatigue par l'eſpoir d'une bonne proie. Le chaſseur ne reçoit qu'une bien foible récompenſe de ſes peines : mais ne voyez-vous pas que les ſages qui ſe condamnent à des privations pour mériter d'avoir des amis vertueux, pour l'emporter ſur leurs ennemis, pour fortifier leur eſprit & leur corps, pour ſe rendre capables de bien conduire leur maiſon, de rendre leurs amis heureux, de bien ſervir leur patrie, doivent ſupporter avec joie les peines qu'ils s'impoſent, & sont bien loin de mener une vie miſérable ?

VI.

D'AILLEURS les travaux faciles, & le plaiſir qu'ils procurent ſans le faire acheter, ne peuvent, comme diſent les maîtres de gymnaſtique, rendre le corps plus robuſte, & peuvent encore moins orner l'eſprit d'aucune connoiſſance eſtimable : mais ceux qui exigent une grande patience nous conduiſent à de grandes choſes. C'eſt ce qu'ont remarqué des hommes célebres, & ce que nous apprennent ces vers d'Hésiode :

Doux, riant, & paré des plus riches couleurs,
Le Vice nous conduit par des chemins de fleurs :
De roses sur ses pas les Plaisirs nous enchaînent.
Mais des sentiers aigus à la Vertu nous menent,
Et son temple est fondé sur un roc sourcilleux.
Sa main semble écarter ses amants malheureux :
Quand on est dans ses bras, que la déesse est belle !

Epicharme rend le même témoignage :

Le ciel nous vend les biens au prix de nos travaux.

Il dit aussi dans un autre endroit :

Tu cherches les plaisirs au sein de la mollesse,
Et tu n'y trouveras que les soucis rongeurs.

VII.

Le sage Prodicus, dans son ouvrage sur Hercule, dont tant de personnes lui ont entendu faire des lectures, ne parle pas autrement de la vertu. Voici à peu près ce qu'il dit, autant que ma mémoire peut me le rappeller :

Hercule, ſorti depuis peu de l'enfance, entroit dans cet âge où les jeunes gens, commençant à ſe conduire par eux-mêmes, montrent s'ils ſuivront dans le cours de leur vie les ſentiers du vice ou ceux de la vertu. Retiré dans une tranquille ſolitude, il ſe repoſoit, incertain de la route qu'il devoit prendre. Deux femmes d'une taille au-deſſus de l'humaine ſe montrerent à ſes yeux. L'une n'avoit pas dans la phyſionomie moins de nobleſſe que de beauté : ſa robe étoit d'une blancheur éclatante, & la nature ſeule avoit pris ſoin de ſa parure auſſi propre que modeſte; la pudeur régnoit dans ſes yeux, la ſageſse dans tout ſon maintien.

L'autre avoit cet embonpoint que donne l'intempérance, & n'en étoit que plus foible. Ne devant qu'à des couleurs empruntées la blancheur & l'incarnat de ſon teint, elle n'avoit ni l'éclat ni le coloris que donne la nature. Elle tâchoit d'ajouter à la hauteur de ſa taille par un maintien affecté; ſes yeux s'ouvroient avec effronterie, & toute ſa parure étoit étudiée pour aſsurer la victoire à ſes charmes. Elle ne ſembloit occupée qu'à ſe contempler avec complaiſance, qu'à ſe mirer dans ſon ombre; mais elle ne manquoit pas en même temps d'obſerver ſi on la regardoit.

La premiere, en approchant d'Hercule, conserva la majesté de sa démarche : l'autre, empressée de prévenir sa rivale, se mit à courir avec indécence au-devant de l'adolescent.

Je te vois incertain, mon cher Hercule, lui dit-elle, sur le chemin que tu dois choisir dans le voyage de la vie. Veux-tu me donner ton cœur ? je te conduirai par une route agréable & facile, te faisant goûter tous les plaisirs sans que tu éprouves jamais aucune peine. Évite les combats, méprise les affaires : une seule te doit occuper ; c'est de chercher, de découvrir les mets les plus délicieux, les boissons les plus exquises, ce qui flattera le plus tes oreilles & tes yeux, ce qui chatouillera tous tes ſens avec plus de douceur, quelles beautés mériteront le plus de partager tes plaiſirs, comment tu pourras dormir avec plus de molleſse, & ſur-tout comment tu pourras unir tant de jouiſsances ſans prendre aucune fatigue pour les raſſembler.

Voilà les délices que je te promets. Crains-tu qu'elles puiſsent te manquer ? Raſsure-toi, & ne penſe pas qu'elles te coûtent jamais aucune fatigue de corps ou d'eſprit. Tu profiteras des peines des autres, tu ne refuſeras aucun moyen d'en tirer avantage. Je donne à ceux qui me ſuivent le pouvoir de faire tout contribuer à leurs intérêts.

Comment t'appelle-t-on ? lui dit Hercule après l'avoir écoutée. Mes amis, répondit-elle, m'appellent la Félicité : mes ennemis, pour me faire insulte, me donnent le nom outrageux de Volupté.

VIII.

ALORS l'autre femme s'avançant : Tu vois, Hercule, lui dit-elle, la démarche que je daigne faire auprès de toi. Tes parents ne me sont pas inconnus ; dès ton enfance j'ai pénétré ton caractere, & j'en ai conçu d'heureuses espérances. Si tu veux suivre la route qui conduit à moi, tu feras de grandes choses ; je partagerai l'éclat de ta gloire, & tu me rendras plus respectable encore aux mortels vertueux.

Je ne veux pas te tromper en étalant à tes yeux les charmes de la mollesse : tu n'entendras de ma bouche que la vérité, & je te montrerai les choses telles que les dieux mêmes ont voulu les établir. Tout ce qu'il y a de beau, d'honnête, c'est au prix d'un travail assidu qu'ils l'accordent aux mortels. Tu veux qu'ils te soient propices, commence par les révérer ; que tes amis te chérissent, enchaîne-les par des bienfaits ; qu'un pays t'honore, commence par lui être utile ; que la Grece entiere célebre ta vertu, fais que toute la Grece te doive de la reconnoissance. Veux-tu que la terre te prodigue ses fruits ? il faut que tu l'arroses de tes sueurs. Aimes-tu mieux devoir ta richesse à tes nombreux troupeaux ? il faut que tes troupeaux partagent tous tes soins.

Si tu recherches la gloire que procurent les combats, ſi tu veux rendre à tes amis la liberté, la ravir à tes ennemis ; prends les maîtres les plus expérimentés, étudie ſous eux l'art de la guerre, exerce-toi pour apprendre à le mettre en pratique. Veux-tu poſséder la force du corps ? ſoumets ton corps à la raiſon, fatigue-le par les travaux & les ſueurs de la gymnaſtique.

Ici, dit Prodicus, la Volupté l'interrompit. Tu vois, Hercule, par quel chemin long & difficile cette femme prétend te mener au bonheur : je m'offre à t'y conduire par un ſentier agréable & fort court.

Malheureuſe ! lui dit la Vertu, quels biens peux-tu connoître, de quels plaiſirs peux-tu jouir, toi qui ne fais rien pour eux, qui n'attends jamais qu'ils t'avertiſsent de les goûter, qui éprouves les dégoûts de la ſatiété avant de ſentir l'aiguillon du beſoin, buvant toujours avant d'avoir ſoif, & mangeant ſans éprouver jamais l'appétit ? Tu ne ſaurois faire un bon repas, ſans avoir raſſemblé d'habiles cuiſiniers : tu ne peux boire avec plaiſir, ſans t'être procuré à grands frais les vins les plus exquis, ſans avoir couru en été pour trouver la neige qui doit les rafraîchir. Pour toi le ſommeil n'auroit pas de douceur, ſi tu n'étois étendue ſur un lit de duvet, ſi tu n'étois entourée de riches rideaux, & ſi le travail le plus recherché n'ajoutoit à ta couche un nouveau prix : car tu ne cherches pas le ſommeil pour te remettre de tes fatigues, mais parceque tu n'as rien à faire. Rejettée par les dieux, méprisée des hommes honnêtes, tu te vantes d'être immortelle! Tes oreilles ont été privées des sons les plus flatteurs; car elles n'ont jamais entendu prononcer tes louanges: tes yeux n'ont jamais joui du plus agréable de tous les spectacles; car ils n'ont jamais pu voir une bonne action que tu aies faite. Tu parles, & tu ne peux persuader: tu éprouves le besoin, personne ne daigne te secourir. Quel mortel dans son bon sens voudroit grossir ton cortege? Ceux qui te suivent, débiles dans leur jeunesse, finissent par traîner une vieillesse insensée. Bien nourris dans leurs belles années & brillants d'embonpoint, ils ne connoiſsent pas la fatigue : pâles & maigres dans leur vieilleſse, ils la conſomment dans les travaux. Rougiſsant ſur ce qu'ils ont fait, pliant sous le poids de ce qui leur reſte à faire, ils ont couru de plaiſirs en plaiſirs dans la fleur de l'âge, & ſe sont réſervé les peines pour le dernier temps de leur vie.

Mais moi, admiſe dans le cercle des immortels, je suis recherchée des mortels vertueux. Rien de beau ne ſe fait ſans moi dans l'aſsemblée des dieux, ni parmi les humains ; & je reçois dans l'olympe & ſur la terre les hommages qui me sont dûs. L'artiſte laborieux me voit partager ſes travaux ; en moi, le bon pere de famille trouve une aide fidele, & l'eſclave qui m'implore me voit prête à le ſecourir. Je prête mes conſeils à ceux qui traitent la paix, je combats conſtamment avec ceux qui font la guerre, & je partage les liens des cœurs unis par l'amitié.

Ceux que j'aime, ne prévenant jamais l'appétit, n'ont pas beſoin d'apprêts pour faire des repas agréables. Le ſommeil a pour eux des charmes étrangers à ces hommes lâches qui ne connoiſſent pas la fatigue : ils ſe réveillent ſans chagrin, & ne ſe livrent pas au repos quand le devoir leur impoſe de veiller encore. Jeunes, ils ont le plaiſir d'être loués par les vieillards : vieux, ils jouiſſent des reſpects de la jeuneſſe. Ils ſe reſſouviennent alors avec joie de ce qu'ils ont fait ; ils s'acquittent avec joie de ce qui leur reſte à faire. Par moi ſeule ils sont aimés des dieux, chers à leurs amis, reſpectables à leurs concitoyens. Ont-ils atteint le terme qui leur fut marqué ? ils ne reſtent point condamnés à l'oubli ; leur mémoire vit après eux, & leurs noms sont célébrés d'âge en âge: O toi, mon cher Hercule ! réponds à ton illuſtre origine : tu vois quelle gloire & quelle félicité seront le prix de tes travaux.

C'eſt à-peu-près ainſi que Prodicus racontoit comment la Vertu prit soin de l'éducation d'Hercule. Je vous rends ſes pensées, & non les beautés & la nobleſse de ſa diction. C'eſt pour vous un ſujet de méditation, mon cher Ariſtippe : car il eſt bon que vous vous occupiez de votre conduite pour l'avenir.

IX.

SOCRATE ayant un jour remarqué que Lamproclès, l'aîné de ses fils, conservoit du ressentiment contre sa mere : Répondez-moi, mon fils, lui dit-il ; savez-vous qu'il y a des hommes qu'on appelle ingrats ? — Je le sais, répondit le jeune homme. — Et savez-vous quelles sont les actions qui leur ont fait mériter ce titre ? — Puis-je l'ignorer ? On appelle ingrats ceux qui ont reçu des bienfaits, qui peuvent en marquer leur reconnoissance & qui ne le font pas. — Mais ne croyez-vous pas qu'on puisse ranger les ingrats parmi les hommes injustes ? — Je le crois. — Vous avez pu remarquer qu'il est injuste de réduire ses amis en ſervitude, & juſte d'y réduire ſes ennemis : eſt-il de même injuſte de manquer de reconnoiſſance envers ſes amis, & juſte d'en manquer envers ſes ennemis ? — C'eſt, je crois, une injuſtice de ne pas répondre, quand on le peut, aux bienfaits d'un ami, & même d'un ennemi. — Il n'eſt donc pas d'injuſtice plus odieuſe que l'ingratitude ? — Qui n'en conviendroit pas ? — Mais plus sont grands les ſervices que l'ingrat a reçus, & plus ſon injuſtice eſt criante. — Je ne puis le nier.

Eh ! reprit Socrate, les bienfaits que nous avons reçus de nos parents ne sont-ils pas les plus grands de tous ? Nous n'étions pas, & c'eſt à nos parents que nous devons l'exiſtence; c'eſt à eux que nous devons le ſpectacle des merveilles de la nature; c'eſt par eux que nous participons à tous les biens que les dieux ont départis aux mortels. Ces biens sont d'un ſi grand prix à nos yeux, que notre plus grande crainte eſt de les perdre. Auſſi les ſociétés humaines ont-elles établi la peine de mort contre les crimes les plus atroces, parcequ'elles n'ont pas vu d'autres peines capables d'inſpirer plus d'effroi.

L'époux nourrit ſon épouſe qui doit le rendre pere. Il amaſse pour ſes enfants, même avant leur naiſſance, ce qui sera néceſsaire à ſoutenir leur vie; il fait en leur faveur le plus d'épargnes qu'il lui eſt poſſible : mais la mere fait encore plus pour eux; elle porte avec peine le fardeau qui la met en danger de ſa vie; elle nourrit de ſa propre ſubſtance l'enfant qui eſt encore dans ſon ſein; elle le met au jour enfin avec de cruelles douleurs; elle l'allaite & lui donne tous ſes soins, ſans qu'aucun bienfait reçu puiſse déja l'attacher à lui. Il ne connoît pas même encore celle qui lui prodigue tant de témoignages de ſa tendreſse, il ne peut même faire connoître ſes propres beſoins: mais elle cherche à deviner ce qui lui convient, ce qui peut lui plaire; elle ne ceſse de ſe tourmenter nuit & jour, ſans prévoir quelle reconnoiſsance elle recevra de tant de peines.

Il ne ſuffit pas de nourrir les enſants : dès que l'âge ſemble leur permettre de recevoir quelque inſtruction, leurs parents s'empreſsent de leur enſeigner ce qu'ils ſavent & ce qui pourra leur être utile un jour. Connoiſsent-ils quelqu'un plus capable qu'eux de les inſtruire ? ils les envoient recevoir ſes leçons & ne regrettent aucune dépenſe pour leur donner la meilleure éducation qu'ils puiſsent leur procurer.

Je veux, repondit le jeune homme, que ma mere ait fait tout ce que vous dites, & même beaucoup plus encore : mais elle eſt d'un caractere ſi difficile, qu'on ne peut ſupporter ſon humeur. Elle dit, en vérité, des choſes ſi dures, qu'au prix de la vie on ne ſe réſoudroit pas à les entendre. — Et combien, depuis ton enfance, ne lui as-tu pas causé de désagréments plus insupportables encore ! combien tes cris ne lui ont-ils pas fait passer de mauvaises nuits ! combien tes actions, tes paroles, ne l'ont-elles pas tourmentée pendant le jour ! & elle l'a supporté. Ne parlons que de tes maladies : que de chagrins ne lui ont-elles pas causés ! — Mais du moins je ne lui ai jamais rien dit, jamais rien fait, dont elle ait dû rougir. — Eh ! dois-tu trouver plus difficile d'entendre ce qu'elle te dit, qu'il ne l'est aux comédiens de s'écouter réciproquement de sang-froid, lorsque, dans les rôles tragiques, ils s'accablent mutuellement des plus cruelles injures ? Pourquoi montrent-ils tant de patience ? c'est qu'ils ne penſent pas que leurs camarades, en les chargeant d'outrages, aient deſſein de les inſulter, ni qu'en les menaçant ils aient le projet de leur faire du mal. Et ne sais-tu pas bien auſſi que ta mere, quoi qu'elle puiſſe te dire, eſt bien loin de te vouloir du mal ? Ne sais-tu pas qu'elle ne veut à perſonne autant de bien qu'à toi ? Et cependant tu te trouves offensé ! Penſes-tu donc que ta mere ſoit ton ennemie ? — Je suis loin de le croire.

Eh bien ! continua Socrate, tu as donc une tendre mere, qui, dans tes maladies, prend de toi des soins aſſidus, qui néglige ſa ſanté pour te rendre la tienne, qui tremble que tu ne manques de quelque choſe, qui demande pour toi les bienfaits du ciel dans les prieres qu'elle adresse aux dieux, qui leur fait pour toi chaque jour des offrandes : & tu la traites de cruelle mere ! Si tu ne peux la supporter, seras-tu même capable de vivre parmi les hommes ? Dis-moi ; ne penses-tu pas que nos devoirs nous soumettent toujours à quelqu'un ? Ne seras-tu jamais obligé de plaire à personne, de suivre personne, d'obéir à personne, pas même à un général, pas même à un magistrat ? — J'y serai sans doute obligé. — Ne faudra-t-il pas aussi que tu plaises à ton voisin, pour qu'il te permette, au besoin, de prendre du feu à son foyer, pour qu'il te rende de petits services dans l'occasion, pour qu'il te donne volontiers de prompts secours en cas d'accident ? -- Je conviens de cela. — Eſt-il indifférent d'avoir pour amis ou pour ennemis ſes compagnons de voyage, de navigation, d'entrepriſes ? Ne crois-tu pas qu'il faille travailler à mériter leur bienveillance ? — Je le crois.

— Mais voilà bien des gens pour qui tu te propoſes d'avoir des égards ; & tu n'en dois pas à une mere qui t'aime autant qu'on puiſse aimer ! Obſerve la conduite du gouvernement. La juſtice néglige toutes les autres sortes d'ingratitude ; elle ne donne point d'action contre ce vice, & laiſse impuni le mauvais cœur qui reçoit des bienfaits ſans en marquer ſa reconnoiſsance : mais elle frappe le citoyen qui manque de reſpect à ſes parents ; elle le tient éloigné des magiſtratures, perſuadée qu'il eſt incapable de rien de juſte & d'honnête, & que les ſacrifices publics seroient profanés s'il y prenoit part : elle recherche même ſi ceux qui ſe préſentent pour occuper les charges de l'état, ont rendu les honneurs convenables aux ſépultures de leurs peres. Si tu es ſage, mon fils, tu prieras les dieux de te pardonner tes offenſes envers ta mere. Crains qu'ils ne te pourſuivent comme un ingrat, & ne te refuſent tous leurs bienfaits. Crains même que les hommes ne ſe doutent de ton mépris pour tes parents : ils te regarderoient avec horreur, t'abandonneroient à toi-même, & rejetteroient ton amitié. Et comment, témoins de tes procédés offenſants pour les auteurs de tes jours, ne croiroient-ils pas que tu ne ſauras jamais payer les bienfaits que de la plus noire ingratitude ?

X.

Il s'apperçut que les deux freres Chéréphon & Chérécrate étoient aſsez mal enſemble. Il les connoiſſoit, & ſe trouvant avec le dernier : Ecoutez, mon cher Chérécrate, lui dit-il; seriez-vous par haſard du nombre de ces gens qui aiment mieux des richeſses que leurs freres, & qui ne ſentent pas que les richeſses sont des choſes inanimées qui ont beſoin de nos ſecours, & qu'au contraire nous pouvons trouver de grands ſecours dans la tendreſse de nos freres ? D'ailleurs, il y a bien des richeſses dans le monde,

& vous n'avez qu'un frere. Si l'on ſe trouve léſé parcequ'on ne jouit pas des biens de ſon frere, chaque particulier aura la même raiſon de ſe plaindre parcequ'il ne réunit pas ſur ſa tête la fortune de tous ſes concitoyens. Comment ! on comprendra fort bien tous les avantages de la vie ſociale ; on ſentira qu'il vaut bien mieux jouir ſans danger d'une propriété ſuffiſante, que de poſséder ſeul, toujours agité de nouvelles craintes, toujours tremblant de ſe voir dépouillé, toutes les fortunes réunies de ſes concitoyens : & l'on ne comprendra pas les avantages de l'union fraternelle !

Dès qu'on a le moyen d'acheter des eſclaves, on en fait l'acquiſition pour rejetter ſur eux une partie de ſes travaux ; on cherche des amis pour profiter de leurs ſecours : & l'on néglige ſes freres ! On diroit qu'il eſt aisé de trouver des amis parmi des citoyens que l'on connoît à peine, & que des freres ne puiſſent être liés entre eux par les nœuds de l'amitié. Cependant l'union la plus étroite eſt préparée par la nature entre des perſonnes nées du même ſang, nourries, élevées enſemble. Nous voyons même naître la tendreſse entre les animaux nourris du même lait.

L'intérêt ſeul devroit ſuffire pour inſpirer l'union fraternelle. Qu'un citoyen ait pour appui l'amitié de ſes freres, on lui marque bien plus d'égards que s'il en étoit privé, & l'on ne ſe haſarde pas ſi légèrement à lui faire une injuſtice. — Je penſe comme vous, Socrate. Je suis perſuadé qu'on doit ſupporter les défauts de ſon frere, qu'on ne doit pas s'éloigner de lui légèrement, & que les ſujets les plus graves peuvent ſeuls autoriſer une telle rupture. C'eſt un grand bien qu'un frere qui ſe montre tel qu'il doit être : mais quand il manque à tous ſes devoirs, quand on trouve en lui tout le contraire de ce qu'on avoit droit d'en attendre, que voulez-vous que l'on faſse ? Ira-t-on lutter contre l'impoſſible ? — Mais, mon cher Chérécrate, votre frere déplaît-il à tout le monde comme je vois qu'il vous déplaît ? N'y a-t-il pas même des perſonnes qui célebrent, qui chériſsent ſes bonnes qualités ?

— Et voilà, Socrate, ce qui me le rend encore plus odieux. Il a bien l'art de plaire aux autres : mais, dès que nous sommes ensemble, il n'oublie aucune parole capable de me piquer, il a l'adresse de trouver tout ce qui peut me faire de la peine.

Vous savez, dit Socrate, qu'un bon cheval renverse le cavalier maladroit qui essaie de le monter : si l'on a souvent à se plaindre d'un frere, n'est-ce pas par la raison qu'on ne sait pas saisir son humeur ? — Et comment pourrois-je mériter ce reproche, si je sais répondre avec tout le monde aux honnêtetés qu'on me fait, aux services qu'on me rend ? Mais voulez-vous que j'aille prévenir de soins & d'honnêtetés un homme qui fait toute son étude de me chagriner? Je ne suis pas même tenté d'en faire l'essai. — Ce que vous dites là m'étonne, mon cher Chérécrate. Je suppose que vous ayez un chien qui garde vos troupeaux avec vigilance ; je suppose encore qu'il caresse les bergers, & qu'il aboie dès que vous l'approchez : vous fâcherez-vous contre lui? Non, vous le flatterez pour tâcher de l'adoucir. Et vous qui savez si bien répondre aux honnêtetés qu'on vous fait, aux moindres services qu'on vous rend; vous qui convenez qu'un frere est un grand bien quand il se comporte comme il le doit, vous ne ferez aucune démarche pour vous concilier la tendresse du vôtre!

Je ne me flatte pas, répondit Chérécrate, d'être assez habile pour le ramener à ſon devoir. — Mais il me ſemble que vous n'avez pas beſoin pour cela d'une adreſſe ſi merveilleuſe. Employez ſeulement pour vous faire aimer de votre frere un certain art qui ne vous eſt pas du tout inconnu. — Apprenez-moi donc ſi je sais la compoſition de quelque philtre amoureux, car je vous avouerai que je ne me connois pas cette ſcience-là. — Apprenez-moi vous-même ce que vous feriez ſi vous ſaviez qu'un homme de votre connoiſſance dût offrir un ſacrifice, & ſi vous aviez envie d'être prié de ſon repas. — Il eſt clair qu'au premier ſacrifice que j'offrirois, je commencerois par l'inviter lui-même. — Je ſuppoſe encore que vous entrepreniez un voyage, & que vous vouliez engager un de vos amis à prendre soin de vos affaires en votre abſence; comment vous y prendriez-vous ? — S'il s'abſentoit lui-même, je serois le premier à me charger des ſiennes. — Et ſi vous vouliez qu'un étranger vous accordât l'hoſpitalité quand vous voyageriez dans ſon pays ? – Je ne manquerois pas de lui offrir ma maiſon quand il viendroit à Athenes; & même, pour qu'il prît avec zele mes intérêts lorſque je serois dans ſa patrie, j'embraſserois les ſiens avec chaleur pendant qu'il seroit dans la mienne.

Eh ! ne voilà-t-il pas, reprit Socrate, que vous connoiſsez tous les philtres qui peuvent nous attacher les hommes; & vous m'en faiſiez un myſtere ! Commencez donc à n'avoir pas une mauvaiſe honte d'être le premier à prévenir votre frere. Je crois qu'il eſt également glorieux d'être le premier à attaquer les ennemis de l'état, & à prévenir ſes amis par des bienfaits. Si j'avois cru votre frere plus propre que vous à entamer la négociation, c'eſt à lui que je me ſerois adreſsé : mais j'ai plus de confiance en vous pour conduire heureuſement cette affaire.

En vérité, Socrate, je ne reconnois pas ici votre ſageſſe accoutumée. Quoi ! c'eſt moi qui ſuis le plus jeune, & vous voulez me charger du premier rôle ! c'eſt à l'aîné que cet honneur appartient chez toutes les nations. — Comment ! n'eſt-ce pas par-tout au plus jeune à céder le pas à l'aîné, à ſe lever pour le recevoir, à lui préſenter le meilleur ſiege, à lui céder la parole ? Ne différez pas, honnête jeune homme : eſsayez d'adoucir votre frere, vous trouverez peu de réſiſtance. Son cœur eſt noble, ſon ame grande ; vous le ſavez. Il n'eſt qu'un moyen de s'attacher les petites ames ; c'eſt de leur faire des préſents : mais on ſe ſoumet les ames généreuſes en les prévenant d'amitié.

— Et ſi, malgré toutes mes démarches, il reſtoit toujours le même ? — Que riſquez-vous ? On reconnoîtra que vous êtes un bon, un tendre frere, & que lui-même n'eſt qu'un mauvais cœur, indigne de votre tendreſse. Mais cela n'arrivera pas. A peine verra-t-il que vous le provoquez à ce combat d'amitié, qu'il vous fera connoître par ſes paroles & par ſes actions le plus vif empreſsement à vous obliger. A la maniere dont vous êtes enſemble à préſent, je crois voir les deux mains, que les dieux ont faites pour s'entr'aider, oublier leur deſtination & ne chercher qu'à ſe gêner l'une l'autre; ou les deux pieds, que la providence a formés pour ſe donner des ſecours, ne faire que s'embarraſser réciproquement. N'eſt-ce pas le comble de la démence & du malheur de tourner contre nous-mêmes ce qui étoit formé pour notre avantage? Il me ſemble que le ciel, en formant deux freres, a bien plus conſulté leurs intérêts mutuels, que celui des pieds, des mains & des yeux, en les créant doubles. Car les mains ne peuvent ſaiſir à la fois deux choſes qui sont éloignées l'une de l'autre de plus d'une toiſe ; les pieds ne peuvent s'écarter d'une toiſe à l'autre : la vue s'étend bien plus loin ; mais il n'en eſt pas moins impoſſible aux yeux de voir à la fois par devant & par derriere les objets même les plus voiſins. Mais placez aux plus grandes diſtances l'un de l'autre deux freres qui s'aiment : ils ſauront encore ſe rendre des ſervices mutuels.

XI.

J'AI auſſi entendu Socrate s'entretenir de l'amitié, & je crois qu'on peut tirer un grand profit de ce qu'il diſoit pour apprendre la maniere de ſe faire des amis & de vivre avec eux.

J'entends toujours répéter, disoit-il, que le plus grand des biens est un ami fidele & vertueux; & je vois qu'on pense à tout autre chose qu'à se faire des amis. On s'occupe beaucoup d'acquérir des maisons, des terres, des esclaves, des troupeaux, des meubles ; on a grand soin de les conserver : mais tout en disant qu'un ami est le plus grand des biens, on ne cherche ni à se procurer ce bien, ni à s'en ménager la possession.

Considérez la plupart des hommes quand leurs amis ou quand leurs esclaves sont malades. Ils courent chercher un médecin pour secourir leurs esclaves, ils se donnent mille soins pour leur procurer des remedes : mais leurs amis sont délaissés ſur le lit de douleur. Un de leurs eſclaves meurt ; ils gémiſsent, ils s'écrient qu'ils ont fait une grande perte : un de leurs amis expire ; ils ſemblent n'avoir rien perdu. Ils ont toujours les yeux ſur tout ce qu'ils poſsedent, aucune peine ne peut les rebuter : leur ami auroit beſoin de leurs soins, ils n'y prennent pas garde. Ils connoiſsent fort bien toutes leurs autres richeſses, quelque nombreuſes qu'elles ſoient : à peine ſe reſsouviennent-ils du petit nombre de leurs amis ; & ſi on leur demande combien ils en ont, on les voit s'embrouiller dans ce calcul, tant ils font peu de cas de l'amitié !

Eſt-il cependant quelque bien qu'on puiſse comparer à un ami ? Un bon ami eſt toujours prêt à ſe ſubſtituer à ſon ami, à le seconder dans les soins de ſa maiſon, dans les affaires de l'état. Vous voulez obliger quelqu'un; il va vous aider dans cette bonne œuvre : quelque crainte vous agite; comptez ſur ſes ſecours. Faut-il faire des dépenſes, des démarches, employer la force ou la perſuaſion ? vous trouverez en lui un autre vous-même. Dans le bonheur, il ajoute à votre joie : dans les revers, il releve votre ame prête à ſuccomber. Les ſervices que nous tirons de nos pieds, de nos mains, de nos yeux, de nos oreilles, il n'en eſt aucun que ne puiſse nous rendre le zele d'un ami. Ce que vous n'avez pas fait vous-même, ce que vous n'avez pas vu, pas entendu, votre ami l'a entendu, l'a vu, l'a fait à votre place. Vous cultivez des arbres pour en recueillir les fruits : vous négligez un verger bien plus fertile, & qui rapporte toutes les eſpeces de fruits; celui de l'amitié.

XII.

JE me rappelle encore un de ſes entretiens qui me ſembloit bien capable d'engager ſes auditeurs à faire un retour ſur eux-mêmes, pour ſavoir à quel point ils méritoient l'eſtime de leurs amis.

Ayant su qu'un homme de ſa connoiſsance négligeoit ſon ami accablé par l'infortune, il adreſsa la parole à Antiſthene en préſence de cet indigne ami & de pluſieurs autres perſonnes. Croyez-vous, dit-il, mon cher Antiſthene, qu'on puiſse mettre un prix à des amis comme on en met un à des esclaves? car, parmi les esclaves, l'un vaut deux mines, l'autre n'en vaut pas la moitié d'une, un autre en vaut cinq, on en paie quelques uns jusqu'à dix: on dit même que Nicias, fils de Nicérate, a donné jusqu'à un talent d'un esclave capable de diriger les travaux de ses mines d'argent. Examinons donc s'il est possible d'établir un tarif des amis, comme on pourroit en faire un des esclaves. — Cela ne me paroît pas impossible, dit Antisthene: car il est tel ami que j'aimerois mieux avoir que deux mines, tel autre pour qui je ne voudrois pas sacrifier une demi-mine, tel dont je donnerois volontiers cinq mines, & tel enfin que je préférerois à toutes les fortunes du monde.

Cela étant ainſi, reprit Socrate, je crois qu'on feroit bien de s'examiner soi-même, de chercher combien on pourroit être évalué par un ami, & de travailler à devenir d'un aſsez grand prix pour ne pas craindre d'être négligé. J'entends tous les jours des gens qui ſe plaignent de ce que leurs amis les abandonnent; d'autres qui diſent que leurs prétendus amis les ſacrifieroient pour une mine. Je crois en voir la raiſon : comme on vend, à quelque prix que ce ſoit, un méchant eſclave, il me paroît très conſéquent de ſe défaire d'un méchant ami au prix qu'on en peut trouver. Mais je ne vois pas qu'on ſe détermine volontiers à vendre un bon eſclave, ni qu'on abandonne ſans peine un ami vraiment eſtimable.

XIII.

JE trouve qu'il donnoit auſſi de grandes lumieres ſur le choix qu'on doit faire de ſes amis.

Que croyez-vous qu'on doive conſidérer, mon cher Critobule, diſoit-il un jour, quand on veut ſe procurer un digne ami ? Ne faut-il pas d'abord qu'il ſache commander à la ſenſualité, à l'amour, à la volupté, au ſommeil, à la pareſſe ? car s'il ſe laiſſe dominer par ces vices, il eſt incapable de rien faire d'utile pour lui-même. Quel avantage pourroit donc en eſpérer un ami ? — Aucun, ſans doute. — Mais s'il aime la dépenſe, s'il n'a jamais aſſez, s'il emprunte ſans ceſſe à ſes voiſins ſans pouvoir jamais rendre, s'il ſe pique quand on refuſe de lui prêter, ne trouvez-vous pas que ce ſera un ami fort à charge? — Aſſurément. — Ce ne sera donc pas lui que vous choiſirez? — Dieu m'en garde! — Cherchons-en donc un qui ſoit meilleur ménager. Mais il ne penſe qu'à l'argent, eſt peu sûr en affaires, aime beaucoup à recevoir & point du tout à donner. — Je crois que cet ami-là seroit encore pire que l'autre.

Et celui qui, toujours animé du deſir d'augmenter ſa fortune, ne fera jamais rien qu'il ne voie quelque choſe à gagner? — Je n'en ferai pas mon ami, car à quoi me seroit-il bon? — Et que dirons-nous du brouillon toujours prêt à faire à ſon meilleur ami une foule d'ennemis ? — Que c'eſt un monſtre qu'on doit fuir. — Et de l'homme qui n'a aucun de ces défauts, mais qui aime beaucoup à recevoir des ſervices, & n'en sait jamais témoigner ſa reconnoiſsance ? — Que ce seroit encore un ami fort inutile. Mais comment donc nous y prendre pour nous faire un ami ?

— Il faut qu'il ſoit tout le contraire des gens que nous venons de dépeindre; ennemi de la molleſse & de la ſenſualité, sûr en affaires, fidele à ſa parole, incapable de recevoir un ſervice ſans en marquer ſa reconnoiſsance : un tel homme ne peut manquer d'être utile à ſes amis. — Mais comment le connoître avant de l'avoir éprouvé ? — Et comment s'y prend-on quand on a beſoin d'un bon ſtatuaire ? On ne le choiſit pas ſur ſa parole : mais, quand on en voit un qui a déja fait de belles ſtatues, on a tout lieu de croire qu'il aura le talent d'en faire encore d'autres auſſi belles. — J'entends : vous voulez dire qu'un homme qui s'eſt bien comporté avec ſes premiers amis, donne aux nouveaux une juſte eſpérance qu'ils n'en seront pas moins ſatisfaits.

XIV.

NOUS avons donc trouvé l'ami qu'il nous faut, continua Critobule : comment faire à préſent pour nous l'attacher ? — Voilà la difficulté, répondit Socrate ; car il n'eſt pas aisé de prendre un ami malgré lui, ni de le retenir à la chaîne comme un prisonnier. — Mais dites donc enfin comment on se fait des amis. — On dit qu'il y a des paroles enchanteresses qui font aimer ceux qui les savent, des philtres capables de gagner les cœurs que l'on veut conquérir. — Où trouverons-nous ces secrets ? — Vous avez lu dans Homere les paroles que les Sirenes chanterent à Ulysse. En voici le commencement :

C'est à toi que les Grecs doivent toute leur gloire.

— Mais dites-moi, Socrate, est-ce par les mêmes paroles qu'elles enchantoient & savoient retenir tous les autres navigateurs ? — Non vraiment, elles ne les adressoient qu'aux cœurs amoureux de la gloire.

— Je commence à comprendre

quel eſt l'enchantement dont vous parlez ; ce n'eſt autre choſe que la louange. Mais il ne faut pas qu'elle ſoit maladroite, & que celui qu'on loue puiſse croire qu'on ſe moque de lui. Tel homme n'ignore pas qu'il eſt laid, petit, foible : ſi je m'aviſe de le louer ſur la majeſté de ſa taille, ſur la beauté de ſes traits, ſur ſa force invincible, c'eſt le moyen d'en être rebuté & de m'en faire un ennemi. Mais ne connoiſsez-vous pas encore d'autres enchantements ? — Non ; j'ai ſeulement entendu dire que Périclès en connoiſsoit de toutes les eſpeces, & il en a bien fait uſage pour ſe faire aimer de toute la ville. — Et comment Thémiſtocle avoit-il gagné les cœurs de tous les citoyens ? — Oh ! celui-là ne ſavoit pas d'enchantements, mais il ſavoit rendre de grands ſervices.

— C'eſt comme ſi vous diſiez que, pour ſe faire de vrais amis, il faut être homme de bien & faire de bonnes actions. — Croiriez-vous donc que, ſans vertu, on pût ſe faire des amis vertueux ? — Pourquoi non ? J'ai vu de méchants rhéteurs liés avec les orateurs les plus célebres, & des gens qui n'entendoient rien au métier de la guerre vivre dans la familiarité de nos meilleurs généraux. — Il ne s'agit pas de cela. Avez-vous jamais vu des gens qui ne fuſſent bons à rien ſe faire des amis utiles ? — Jamais, & je vous accorde volontiers qu'il eſt impoſſible au méchant de gagner le cœur des gens de bien.

XV.

Mais dites-moi, continua-t-il, eſt-ce aſsez d'être honnête & vertueux pour devenir l'ami des hommes eſtimables ? — Je conçois d'où naît votre doute, reprit Socrate. Vous voyez tous les jours des gens qui font le bien, qui ont horreur de toute baſseſse, & qui, loin de s'aimer, s'élevent les uns contre les autres, & ſe traitent plus indignement que ne feroient les derniers des hommes. — Et ce n'eſt pas ſeulement entre les particuliers que je vois régner ces diſsentions ; les peuples même qui ont le plus d'eſtime pour la vertu, d'horreur pour la honte, ſe font tous les jours entre eux les guerres les plus cruelles. Plus j'y penſe, plus je déseſpere de trouver des amis. Les méchants ne peuvent s'aimer entre eux. Des ingrats, des cœurs froids, indifférents, des avares, des traîtres, des débauchés, seroient-ils dignes de connoître l'amitié ? La nature les a faits pour ſe haïr réciproquement. Vous avez fort bien remarqué qu'ils peuvent encore moins prétendre à l'amitié des gens de bien. Ils font le mal : comment plaîroient-ils à ceux qui le déteſtent ? Mais ſi ceux mêmes qui cultivent la vertu ſe portent mutuellement envie ; ſi, pour s'élever aux premieres places, ils sont toujours prêts à s'attaquer les uns les autres ; où trouvera-t-on des amis ? où trouvera-t-on de la bienveillance & de la fidélité ?

Notre queſtion, mon cher Critobule, peut s'envisager sous plusieurs faces. La nature semble avoir fait les hommes pour s'aimer : ils ont besoin les uns des autres, ils sont sensibles à la pitié, ils trouvent leur avantage à s'entr'aider ; les secours qu'ils reçoivent excitent leur sensibilité. Mais, d'un autre côté, ils ne semblent pas moins faits pour se haïr. Tous ont les mêmes idées sur les biens & les plaisirs : ils se combattent pour se les procurer. La diversité des opinions les arme les uns contre les autres : la colere, les querelles, ne leur laissent point de paix ; la fureur de s'enrichir les divise, la jalousie attise leur haine.

Cependant l'amitié se fait place au milieu de toutes ces passions : elle unit les cœurs honnêtes, & la vertu reçoit des ſacrifices. On aime mieux poſséder en paix une fortune bornée, que de combattre pour tout avoir : on ſupporte les beſoins preſſants pour ne pas les ſatisfaire aux dépens des autres : on commande même à la plus impérieuſe des paſſions, & l'on n'arrache pas la Beauté qu'on aime au lit nuptial : on ſe contente de ce qu'on poſsede légitimement, &, loin d'attenter aux propriétés des autres, on leur fait part de ſes richeſses. Les diſsentions particulieres s'appaiſent en faveur de l'intérêt commun : la haine reçoit un frein & ne s'emporte pas à des excès qui laiſseroient un long repentir. Il eſt même un moyen d'éteindre l'envie ; le riche partage ſes richeſses avec ſon ami pauvre, & le pauvre regarde comme ſa propre fortune celle de ſon bienfaiteur.

Pourquoi donc penſer que les hommes honnêtes qui veulent s'élever aux honneurs & remplir les grandes charges, ne sont jamais occupés qu'à ſe nuire ? Ils peuvent, au contraire, ſe ſervir mutuellement. N'aſpirer aux honneurs & aux magiſtratures que pour nager dans la volupté, pour opprimer les citoyens, pour s'enrichir aux dépens de l'état, c'eſt être injuſte, méchant, incapable de contracter avec perſonne une liaiſon eſtimable. Mais celui qui ne veut s'élever que pour ſe mettre au-deſsus de l'injuſtice, que pour ſecourir ſes amis, que pour bien ſervir l'état, eſt-il donc incapable de s'unir avec d'autres citoyens honnêtes comme lui ? Lié avec eux, en sera-t-il moins utile à ſes amis ? En ſe donnant de vertueux coopérateurs, en ſervira-t-il moins bien ſon pays ? Il eſt certain que ſi, dans les jeux gymniques, il étoit permis aux meilleurs combattants de ſe ranger du même parti, ils seroient aisément vainqueurs, & remporteroient les prix de tous les combats. Ces ligues leur sont interdites; mais elles ne le sont pas dans les affaires d'état. Les hommes vertueux, élevés aux grands emplois, sont maîtres de s'accorder avec des citoyens qui leur reſsemblent, & de faire d'un commun accord le bien de la patrie. Pourquoi donc ne chercheroient-ils pas à s'aſsocier des amis honnêtes ? Pourquoi ne leur communiqueroient-ils pas leurs desseins ? Comment aimeroient-ils mieux les avoir pour adverſaires que de recevoir leurs ſecours ?

XVI.

PRENEZ donc courage, mon cher Critobule ; travaillez à vous rendre vertueux, & cherchez enſuite des amis dignes de vous. Peut-être ne vous serai-je pas inutile, car je suis fait pour l'amitié. Quand j'aime quelqu'un, je suis tout de feu pour m'en faire aimer. Il faut qu'il me recherche comme je le recherche lui-même, qu'il deſire ma ſociété comme je deſire la ſienne. Mon adreſſe ne vous sera pas inutile pour vous faire des amis : ne me cachez donc point alors vos penchants. Accoutumé à chercher à plaire à ceux qui me plaiſent, je ne dois pas être tout-à-fait novice dans l'art de gagner les hommes.

Un sage tel que vous, répondit Critobule, ne peut m'aider à trouver des amis qu'autant qu'il me croira digne d'en avoir, & je sais que vous ne voudriez pas mentir pour mes intérêts.

Vos intérêts! repartit Socrate : eh! seroit-ce donc les prendre que de vous donner des louanges que vous n'auriez pas méritées? Non; je vous ſers bien mieux en vous exhortant à la vertu, en vous perſuadant de l'embraſser. Je vais vous rendre cette vérité encore plus ſenſible. Si vous vouliez gagner l'amitié d'un habile pilote, que je puſse lui faire accroire que vous entendez bien ſon métier, & qu'il vous confiât la conduite d'un vaiſseau, qu'arriveroit-il ? Ne ſentez-vous pas que, ne connoiſsant rien aux manœuvres d'un navire, vous ne manqueriez pas de perdre le bâtiment & de vous perdre vous-même ? Si j'étois aſsez bon menteur pour perſuader à la république de ſe remettre entre vos mains & de vous confier le commandement de ſes armées, l'adminiſtration de la juſtice, la geſtion des affaires, ne vous repréſentez-vous pas tous les maux que vous lui feriez & les malheurs que vous éprouveriez vous-même ? Si je me contentois de vous recommander à quelque riche particulier, l'aſsurant qu'il n'y a pas d'homme plus capable que vous de bien conduire une maiſon, &

que, ſur ma parole, il ſe reposât ſur vous de l'adminiſtration de ſes biens, que gagneriez-vous à l'épreuve ? d'être à la fois regardé comme la ruine d'une maiſon & couvert de ridicules.

Croyez-moi, mon cher Critobule, le moyen le plus court, le plus sûr, le plus glorieux, de paſser pour homme de bien, c'eſt de travailler à l'être. Conſidérez tout ce qu'on appelle des vertus, & vous verrez que toutes s'augmentent par l'étude & l'exercice. Notre devoir eſt de les rechercher. Si vous penſez autrement, vous pouvez me l'apprendre. — Je rougirois d'oppoſer quelque choſe à vos ſentiments : ce seroit contredire à la fois l'honneur & la vérité.

XVII.

QUAND les amis de Socrate ſe trouvoient dans l'embarras par ignorance, il tâchoit de les en tirer par ſes avis : ſi l'infortune étoit la cauſe de leur détreſse, il leur apprenoit à ſe donner des ſecours mutuels. Je vais raconter ce que je sais à cet égard.

Il voyoit la triſteſse peinte ſur le viſage d'Ariſtarque. Vous me paroiſsez, lui dit-il, avoir quelque chagrin : c'eſt un fardeau peſant qu'il faut partager avec ſes amis, & je vous ſoulagerai peut-être en partie du poids qui vous accable. — Je suis dans un grand embarras, Socrate, répondit Ariſtarque. La sédition a forcé la plupart des citoyens à chercher un aſyle au Pirée : mes ſœurs, mes nieces, mes couſines, ſe trouvant dans l'abandon, ſe sont toutes retirées chez moi. Il n'y a pas à préſent dans ma maiſon moins de quatorze perſonnes libres. Nous ne retirons rien de nos terres, puiſque la campagne eſt au pouvoir des ennemis. Nous ne recevons rien de nos maiſons, puiſque la ville eſt preſque déſerte. Vendrai-je mes meubles? perſonne n'en veut acheter. Emprunterai-je de l'argent? on n'en prête plus. Je crois qu'il seroit plus aisé d'en trouver dans les rues que d'en emprunter. Il eſt bien triſte, Socrate, de voir ſa famille périr de miſere; & vous ſentez qu'on ne peut nourrir tant de monde dans les circonſtances actuelles.

Mais comment ſe fait-il donc, reprit Socrate, que Céramon puiſse nourrir un grand nombre d'hommes, qu'il ſuffiſe à ſes beſoins & aux leurs, & qu'il parvienne même à s'enrichir, tandis que vous êtes menacé de périr de beſoin parceque vous avez pluſieurs perſonnes à nourrir? — Cela eſt bien différent : ce sont des eſclaves qu'il nourrit, & mes parentes sont des perſonnes libres. — Et qui eſtimez-vous le plus des perſonnes libres qui sont chez vous, ou des eſclaves de Céramon? — Mais ce sont apparemment les perſonnes libres qui sont chez moi. — N'eſt-il donc pas honteux que Céramon faſse fortune parcequ'il a chez lui des hommes dont vous faites peu de cas, & que vous ſoyez dans la miſere pour avoir chez vous des perſonnes qui méritent de la considération ? — Mais ses esclaves sont des ouvriers, & mes parentes ont reçu une éducation conforme à leur naissance.

— Expliquons-nous. Qu'appellez-vous des ouvriers ? ne sont-ce pas des hommes qui savent faire des choses utiles ? — Sans doute. — La farine n'est-elle pas utile ? — Assurément. — Et le pain ? — Rien ne l'est davantage. — Et les robes d'hommes & de femmes, les tuniques, les camisoles ? — Tout cela est d'une grande utilité. — Et vos parentes ne savent rien faire de tout cela ? — Je crois qu'il n'y a rien de tout cela qu'elles ne sachent faire. — Eh bien ! ne parlons que d'une seule de ces industries. Vous ignorez peut-être que Nausycidès, qui ne fait que de la farine, se nourrit très bien lui & ses esclaves, qu'il entretient des troupeaux de toutes les especes, & qu'il fait même d'assez grandes épargnes pour subvenir souvent aux besoins de l'état : Ciribe, qui fait du pain, entretient toute sa famille & vit fort à son aise : Déméas, du bourg de Collyte, se soutient en faisant des tuniques ; & la plupart des habitants de Mégare vivent fort bien quoiqu'ils ne sachent faire que des camisoles. — J'en conviens ; c'est qu'ils achetent des esclaves étrangers, & qu'ils les font travailler. Puis-je employer de même des personnes libres, mes parentes ? — Oh ! j'entends : parcequ'elles sont libres, parcequ'elles sont vos parentes, il faut qu'elles ne fassent autre chose que manger & dormir.

Mais, dites-moi, parmi les perſonnes libres, leſquelles vous paroiſsent les plus heureuſes de celles qui menent une vie oiſive, ou de celles qui s'occupent des choſes utiles qu'elles ſavent ? Trouvez-vous que la molleſse & l'oiſiveté aident beaucoup les hommes à apprendre ce qu'il leur convient de ſavoir, à ſe reſsouvenir de ce qu'ils ont appris, à donner une nouvelle force à leur ſanté, une nouvelle vigueur à leur corps, à ſe procurer de l'aiſance & à la conſerver ; & qu'au contraire le travail ne ſoit bon à rien ? Vos parentes ont-elles appris tout ce que vous dites qu'elles ſavent, comme des choſes inutiles à la vie, & dont elles ne vouloient faire aucun uſage, ou comme des choſes auxquelles elles devoient s'appliquer, & dont elles espéroient tirer un bon parti ? Quels hommes vous paroissent avoir la meilleure conduite ? Sont-ce les paresseux, ou les hommes occupés d'objets utiles ? Quels sont les plus justes ? Sont-ce ceux qui travaillent, ou ceux qui rêvent, les bras croisés, aux expédients qu'ils trouveront pour vivre ? Je suis sûr qu'en ce moment vous n'aimez pas vos parentes, & que vous n'en êtes pas aimé. Vous sentez qu'elles vous ruinent, & elles sentent qu'elles vous sont à charge. Il est à craindre que bientôt la froideur ne se tourne en haine, & que vous ne perdiez pour toujours les sentiments qui vous unissoient. Mais qu'elles travaillent sous vos yeux ; vous les aimerez, parceque vous verrez qu'elles vous sont utiles : vous leur serez cher, parcequ'elles reconnoîtront qu'elles vous plaiſent davantage. Vous vous rappellerez tous avec joie vos ſervices mutuels ; ce ſouvenir ajoutera à votre tendreſse, & vous vous ſentirez chaque jour plus fortement attachés les uns aux autres par les liens du ſang & de l'amitié.

S'il s'agiſsoit de faire quelque choſe de honteux, il faudroit préférer la mort : mais ce que vos parentes ſavent faire, eſt ce qui convient le mieux à leur ſexe ; & ce qu'on sait, on le fait bien, on le fait avec aiſance, avec promptitude, avec plaiſir. Ne tardez pas à leur faire une propoſition qui ne leur sera pas moins utile qu'à vous-même, & j'eſpere qu'elles la recevront avec joie. — Vous me donnez un excellent conſeil, mon cher Socrate. Tantôt je n'oſois emprunter de l'argent, parceque je ſavois qu'après l'avoir dépensé je ne serois pas en état de le rendre. Je crois pouvoir emprunter à préſent pour commencer notre travail.

En effet il trouva de l'argent, il acheta de la laine. Les femmes quittoient à peine l'ouvrage pour prendre leurs repas. La triſteſse fit place à la gaieté, le ſoupçon à la confiance. Elles aimerent Ariſtarque comme leur protecteur ; il les aimoit comme des perſonnes qui lui étoient utiles.

Enfin il revint voir Socrate, &

lui conta gaiement cette révolution. Il n'y a plus que moi, disoit-il, qui sois grondé dans la maison, parce-que je mange & que je ne fais rien. — Eh ! que ne leur contez-vous la fable du chien ? répondit Socrate.

Du temps que les bêtes parloient, on dit qu'une brebis fit des reproches à son maître. Je vous trouve admirable, lui dit-elle. Nous vous rapportons de la laine, des agneaux, des fromages, & jamais vous ne nous donnez rien : il faut que nous arrachions notre nourriture à la terre. Votre chien vous rapporte-t-il quelque chose ? & c'est pourtant à ce bel animal que vous prodiguez les mets de votre table. Le chien écoutoit ces plaintes. A vous en croire, dit-il, je ne suis donc bon à rien. Et qui vous garde, ſi ce n'eſt moi ? Sans moi, vous seriez la proie des voleurs ou le repas des loups ; & ſi je ne veillois pas pour votre sûreté, la peur vous empêcheroit même de prendre votre nourriture. Les brebis entendirent raiſon, & ne trouverent plus mauvais que le chien leur fût préféré.

Faites auſſi comprendre à vos dames que vous êtes pour elles comme le chien de la fable, que c'eſt vous qui les protégez, qui veillez ſur elles, & que c'eſt par vous ſeul qu'elles peuvent travailler gaiement & ſans craindre aucune inſulte.

XVIII.

Socrate rencontra par haſard un de ſes amis qu'il n'avoit pas vu depuis long-temps. Eh ! d'où venez-vous donc, mon cher Euthere ? lui dit-il. — Je suis revenu à la fin de la guerre d'un voyage que j'ai fait dans les pays étrangers, & je suis ici depuis ce temps-là. On m'a pris tous les biens que j'avois au-delà des frontieres ; mon pere ne m'a rien laiſsé dans l'Attique : il faut à préſent que je reſte dans mon pays & que je travaille pour vivre. Je crois que cela vaut mieux que de rien demander à perſonne. D'ailleurs qui voudroit me prêter ? Je n'ai rien à mettre en gages. — Eh ! combien de temps croyez-vous avoir aſsez de force pour gagner votre vie ? — Ah ! fort peu de temps, mon cher Socrate. — Cependant, quand vous serez vieux, vous aurez des dépenſes à faire, vous ne serez plus en état de travailler, & perſonne ne voudra ſe ſervir de vous. — Vous avez bien raiſon. — Ce que vous pourriez donc faire de mieux, ce seroit de vous livrer dès à préſent à des occupations qui puſſent mettre votre vieilleſse au-deſſus de la miſere. Que ne tâchez-vous de trouver un homme qui ait de grands biens, & qui ſoit bien aiſe d'avoir quelqu'un pour les régir ? Vous auriez l'œil ſur ſes ouvriers, vous ménageriez ſes revenus, vous auriez une inſpection ſur toute ſa maiſon ; en un mot, vous feriez ſes affaires, & les vôtres ne s'en trouveroient pas plus mal.

— Mais c'eſt une ſervitude, & j'aurois bien de la peine à la ſupporter. — Comment! ceux qui sont à la tête de l'état, qui en conduiſent les affaires, sont-ils donc regardés comme des eſclaves ? Il me ſemble au contraire qu'ils paſsent pour les plus libres des hommes. — Cela eſt vrai; mais je ne pourrois me ſoumettre à recevoir des reproches. — Il n'eſt pas aisé, mon cher Euthere, de rien faire ſans être exposé au reproche. Quoi qu'on entreprenne, on ne peut guere éviter de faire des fautes ; &, quand on n'en feroit aucune, ne trouve-t-on pas des juges ineptes & malins, toujours prêts à condamner ? Enfin, vous faites quelque choſe à préſent, & je serois bien étonné ſi vous pouviez vous mettre au-deſsus de la critique. Tout ce que je vous conſeille, c'eſt d'éviter les gens qui aiment à condamner,

& de vous attacher à des perſonnes qui jugent ſainement ; c'eſt de vous en tenir à ce que vous êtes en état de faire, & de vous défier de ce qui eſt au-deſsus de vos forces ; c'eſt enfin de mettre tous vos soins, toute votre intelligence, à bien remplir ce que vous aurez entrepris. En un mot, ſuivez mes avis ; c'eſt, je crois, le moyen d'eſsuyer peu de reproches, de vous mettre au-deſsus de la miſere, de vivre dans une certaine aiſance ſans craindre un fâcheux avenir, & de vous ménager des reſsources pour la vieilleſse.

XIX.

CRITON diſoit un jour à Socrate qu'il étoit bien difficile de vivre à Athenes & de veiller ſur ſa fortune.

On m'intente tous les jours des procès, ajoutoit-il : ce n'eſt pas que perſonne ait à ſe plaindre de moi ; mais on sait fort bien que j'aime mieux donner de l'argent que de ſuivre des procédures. — Dites-moi, Criton, lui répondit Socrate, ne nourriſsez-vous pas des chiens pour qu'ils éloignent les loups de vos troupeaux ? — Sans doute, & je me trouve fort bien de cette dépenſe. — Eh ! qui vous empêcheroit de nourrir auſſi un homme qui eût le pouvoir & la volonté d'éloigner de vous la foule des chicaneurs ? — Je le ferois volontiers ; mais je crains qu'il ne ſe tourne lui-même contre moi. — Eh quoi ! ne voyez-vous pas qu'on trouveroit à la fois plus d'agrément & de profit à obliger un homme tel que vous qu'à s'en faire un ennemi? Sachez qu'il ne manque pas ici de gens qui ſe feroient un grand honneur d'obtenir votre amitié.

Ils firent quelque temps après la découverte d'Archédeme : il étoit pauvre, mais il entendoit bien les affaires, & ne manquoit pas d'éloquence. Ce n'étoit pas de ces gens qui trouvent tout le monde digne de les obliger. Il aimoit la juſtice, & diſoit qu'il eſt fort aisé de s'enrichir avec ceux qui ne la reſpectent pas : mais il étoit incapable de faire fortune à ce prix.

Criton réſolut de ſe l'attacher. Il ne recevoit pas de ſes maiſons de campagne du blé, de l'huile, du vin, de la laine, ou d'autres ſemblables proviſions, ſans lui en envoyer une partie. Toutes les fois qu'il faiſoit des ſacrifices, il l'invitoit au repas, & ne négligeoit aucune occaſion de lui faire plaiſir.

Archédeme voyant que la maiſon de Criton lui étoit offerte, ſe dévoua tout entier à ſon bienfaiteur. Il ſe mit à étudier la conduite des ennemis de Criton, & découvrit que c'étoient des gens couverts d'infamie & chargés de la haine publique. Il en appella un en juſtice. Ce miſérable, à qui ſa conſcience faiſoit plus d'un reproche, ſentit bien qu'il ne pourroit ſe tirer d'affaire ſans éprouver le ſupplice qu'il méritoit, ou ſans payer du moins une forte amende; il mit tout en œuvre pour faire déſiſter Archédeme de ſon accuſation : mais celui-ci ne ſe laiſſa pas fléchir que le ſcélérat n'eût abandonné toutes ſes pourſuites contre Criton, & ne lui eût encore donné de l'argent. Ce ne fut pas le ſeul ſervice de ce genre qu'il rendit à ſon bienfaiteur.

Quand un berger a un bon chien, les autres paſteurs ne s'éloignent pas de lui, afin que leurs troupeaux ſoient en sûreté sous la même garde : c'eſt ainſi que les amis de Criton cherchoient à ſe mettre sous la garde d'Archédeme. Celui-ci ſaiſiſſoit toutes les occaſions d'obliger Criton, qui vivoit ainſi dans la sécurité, & la procuroit à tous ſes amis.

Les ennemis d'Archédeme ne manquerent pas de lui reprocher qu'il s'étoit rendu par intérêt le flatteur de Criton. Eſt-ce donc une honte, répondit-il, de recevoir les bienfaits des hommes qu'on eſtime, & de chercher à les obliger à ſon tour; de s'en faire des amis, & de fuir le commerce des méchants? Non, ſans doute. Mais nuire aux hommes vertueux, mais provoquer leur haine, mais partager les complots des méchants, rechercher leur amitié, ſe lier avec eux plutôt qu'avec les gens de bien; voilà ce que j'appelle le comble de l'infamie.

Archédeme fut toujours depuis conſidéré des amis de Criton, qui le mettoit lui-même au nombre de ſes meilleurs amis.

XX.

SOCRATE ſe trouvant avec ſon ami Diodore: Si un de vos eſclaves, lui dit-il, prenoit la fuite, ne tâcheriez-vous pas de le retrouver ? — Je ferois plus encore : je promettrois une récompenſe à ceux qui me le rameneroient. — Et n'auriez-vous pas soin d'un de vos eſclaves qui tomberoit malade ? n'appelleriez-vous pas des médecins pour lui conſerver la vie ? — Aſsurément.

— Et ſi un homme de votre connoiſsance, qui pourroit vous être bien plus utile que vos eſclaves, tomboit dans la miſere, ne feriez-vous pas bien de penſer à lui & de ne pas le laiſser périr ? Vous ſavez qu'Hermogene n'eſt pas un ingrat : il rougiroit de recevoir de vous aucun ſervice ſans vous en rendre à ſon tour. Quoi donc ! un homme qui ſe porteroit de lui-même à vous ſervir, qui seroit plein de bonne volonté, qui vous resteroit attaché constamment; un homme que vous trouveriez toujours prêt à seconder vos desirs, à les prévoir, à les prévenir, à remplir vos volontés avant même que vous eussiez eu le temps de les former; un tel homme ne vaudroit-il pas mieux que tous vos esclaves? Les bons économes nous prescrivent d'acheter quand nous trouvons à bas prix une marchandise précieuse: nous sommes dans un temps où les amis sont peu recherchés: c'est une belle occasion de se les procurer à peu de frais.

Vous parlez à merveille, reprit Diodore. Faites-moi un plaisir; dites à Hermogene de passer chez moi. — Je n'en ferai rien, dit Socrate.

Je crois que c'eſt à vous d'aller le trouver, & il me ſemble que la choſe vous intéreſse encore plus particu- lièrement que lui.

Diodore rechercha donc Hermogene. Il lui en coûta peu, & il eut un ami qui n'agiſsoit que pour lui être utile, qui ne parloit que pour lui plaire, & dont l'eſprit agréable répandoit chaque jour un nouveau charme dans ſa ſociété.

*Fin du Tome premier.*